U0879800

中年漂流

无法逃离的就业困境

[日] 小林美希——著
邹韵——译

ルポ中年フリーター

「働けない働き盛り」の貧困

浙江人民出版社

图书在版编目（CIP）数据

中年漂流 ：无法逃离的就业困境 /（日）小林美希著；邹韵译. —杭州 ：浙江人民出版社，2022.2
ISBN 978-7-213-10437-4

Ⅰ. ①中… Ⅱ. ①小… ②邹… Ⅲ. ①就业问题-研究-日本 Ⅳ. ①D731.382

中国版本图书馆CIP数据核字(2021)第259518号

浙江省版权局
著作权合同登记章
图字:11-2020-077

Rupo Chunen Furita Hatarakenai Hatarakizakari no Hinkon
Copyright ©2018 Kobayashi Miki
First original Japanese edition published by NHK Publishing, Inc.
Chinese (in simplified character only) translation rights arranged with NHK Publishing, Inc.
Through CREEK & RIVER Co., Ltd. and CREEK & RIVER SHANGHAI Co., Ltd.

中年漂流:无法逃离的就业困境
[日]小林美希 著 邹 韵 译

出版发行 浙江人民出版社（杭州市体育场路347号 邮编 310006）
市场部电话:(0571)85061682 85176516
责任编辑 潘玉凤 申屠增群
责任校对 戴文英
责任印务 刘彭年
封面设计 尚燕平
电脑制版 杭州兴邦电子印务有限公司
印 刷 浙江新华数码印务有限公司
开 本 880毫米×1230毫米 1/32
印 张 7.75
字 数 130千字
插 页 2
版 次 2022年2月第1版
印 次 2022年2月第1次印刷
书 号 ISBN 978-7-213-10437-4
定 价 48.00元

如发现印装质量问题,影响阅读,请与市场部联系调换。

目 录

第二章 阻碍女性发展的社会

序　章

被国家抛弃的一代

无法逃离的非正式雇佣命运

成为正式职员的路似乎遥不可及。

在日本，35岁至54岁的非正式职员大概有273万人，他们又被称为“中年自由职业者”。在这一年龄层中，每十个人就有一人是非正式职员。这一数字还没包括已婚女性。另外，有414万的35岁至54岁的女性也是非正式职员，但由于她们属于被扶养一方，并没有被纳入就业统计数据中。也就是说，潜在的中年自由职业者似乎更多。

在中年自由职业者的大军里，我采访到了松本拓也，他叙述了自己常年作为非正式雇佣劳动者的心境。

“如今我已经43岁了，对于当下社会我不再抱有幻想。只要想到今后我仍然还是非正式职员，就觉得自己在社会上孤身一人，没有寄托。”

拓也经历了无数次非正式雇佣，雇主几乎都是黑心企业。他曾在30多岁的时候就职于某大型销售公司，月薪30万日元且不久就成为副店长。但是，每月100多个小时的强制加班要求，迫使他不得不选择了辞职。

之后，他开始在餐饮店工作，依靠打工，每月可入账13万日元。不久，他向餐饮店提出了改善劳动待遇的请求，却遭到了解聘。失去工作的他一边依靠最低生活保障补助勉强维持生活，一边参加了职业培训。

他没有放弃，继续寻找工作，终于寻得一份全职工作，即成为大型零售连锁企业在东京经营的高端超市的营业员，就这样，他的生活逐渐“稳定”下来。由于当下零售行业人手不足，薪酬略有上涨，拓也的时薪也达到了1260日元。因为店铺通常营业到很晚，于是他主动要求在薪酬补贴较高的时间段上班。这样，仅每个月的加班费他就可以拿到8万日元；扣除社会保险等费用，每月到手的薪酬大约能维持在23万日元。

即便如此，每当契约到期时，他都会担心用人单位是否会续约。公司“终止派遣”了许多负责收银的派遣职员，员工们也只能忍气吞声。用人单位可轻易裁掉非正式职员，一想到这种不确定性，他总是提心吊胆。

“随着年纪的增大，找工作只会越来越难。我想今后无论再怎么努力，恐怕也很难成为正式职员了。现有的存款也只是杯水车薪。今后，我该如何是好呢？”

他们再怎么努力也无法摆脱非正式雇佣，他们身上折射出了隐藏于社会中的贫困问题。

当下，应届生就业进入卖方市场

最近，媒体曝光了许多劳动者艰难的就业现状，而劳动标准监督署[1]对知名企业劳动纠纷的介入也逐渐增多。

近年来备受瞩目的便是2015年电通公司24岁女职员的过劳自杀事件。在外人看来，她年纪轻轻就能够进入求职意愿度排名靠前的电通公司，可谓前途无量，但她受到职权骚扰，被迫加班，进入公司不到九个月，在圣诞节的清晨结束了自己的生命。这一案件迅速被媒体曝光，厚生劳动省[2]也介入了该案的调查。对于这样的事件，我们不能置之不顾。

少子化问题导致劳动力人口剧减，对此，政经界无法坐视不理，开始重新考虑工作方式的改革。安倍晋三上台后提出了“一亿人口活跃”“打造全体女性大放异彩的社会”“改革工作方式”等政策，并陆陆续续地提出了众多有关劳动的口号和史无前例的雇佣政策。

当下，应届生求职是卖方市场。2019年3月毕业的大学

---

[1] 劳动标准监督署是日本厚生劳动省的地方派出机构，负责监督《劳动标准法》《最低工资法》和工伤赔偿等的实施。——译者注

[2] 厚生劳动省，日本主管医疗、福利、保险和劳动等行政事务的中央行政机关。——译者注

本科生的希望就职率[1]，至2018年9月1日就已达到91.6%，与上一年9月的88.4%相比，增长了3.2个百分点（根据Recruit Career公司的调查数据）。除此之外，仅就就业率（毕业生中已被聘用、录用人数的比例）而言，2017年3月大学本科生的就业率为76.1%，2018年3月为77.1%，接近泡沫经济破裂之前的水准（根据文部科学省[2]的《学校基本调查》）。

我们再来看看就业的具体情况，就会发现正式职员的比例也在增长。

文部科学省公布的2012年度就业数据中，将就业人员分成了正式职员和非正式职员两类。其中，非正式职员指的是“劳动合同在一年以上且从事全职工作的人”（自2012年起，改为“劳动合同在一年以上且每周劳动时间为30至40个小时的人”）。参照这样的划分，我们再来看应届生的就业数据。2012年3月，毕业生就业人数中，正式职员的占比为60.0%；2017年3月，则为72.9%；2018年3月，则上升至74.1%（《学校基本调查》）。

根据上述数据，我们可以断定，当下的劳动市场，应届

[1] 希望就职率是已被聘用、录用人数除以希望求职人数而计算得出的。——译者注

[2] 文部科学省，日本主管教育、学术、科学技术及文化的振兴普及的中央行政机构。——译者注

生就业已经进入卖方市场。

被忽视的中年劳动问题

在就业形势一片大好的情境中，我们忽视了一群重要的人，即在就业冰河期走向社会的一群人，如今我们称他们为“中年自由职业者”。

大众对于这一词语的关注源于2015年。根据三菱日联银行调查资源处研究员尾畠未辉的估算，中年自由职业者逐年增加，至2015年增长为273万人。

当然，与正式职员相比，这些人的积蓄较少，社会保险的加入率较低。再过若干年，他们将靠养老保险维持生活，但大多数人的养老金每月还不足7万日元。如此一来，他们的生活就会越发拮据，最后只能依赖最低生活保障补助。但日本的财政能力恐怕无法负担如此巨额的低保补贴金，届时甚至会造成低保补助制度的崩溃。

另外，我们应当思考，中年自由职业者群体为何会这样庞大？

这一问题的答案似乎是一目了然的。在日本，应届生求职之时没能成为正式职员的，只能作为非正式职员进入社会。根据劳动政策研究研修机构所公布的有关壮年非正式雇佣劳动者工作生活的相关报告（2015年），我们可以看到，一位25岁的男性非正式职员，5年后，也就是30岁时成为正式职员的概率为41.7%；10年后，也就是35岁时成为正式职员的概率为49.1%，换句话说，半数的人止步于此。倘若是一位30岁的男性非正式职员，35岁时成为正式职员的概率就只有28.0%。

毕业时遭遇就业冰河期的一代人，如今已经迈入中年（35岁至54岁），我们称之为“就业冰河期一代”“迷惘一代”，他们中的大多数仍然没有获得正式职位，生活依然很艰辛。

我们可通过文部科学省公布的《学校基本调查》来聚焦就业率的变化趋势。

在泡沫经济破裂前，大学应届毕业生的就业率始终保持在80%上下的较高水平；从1992年起，受泡沫经济破裂的影响，应届毕业生的就业率逐渐下降，1995年降至65.9%，而这只是就业冰河期的开始。连排名靠前的山一证券公司也于1997年宣告停业，整个日本的就业率每况愈下。据统计，2000年就业率首次低于60%，降至55.8%。2003年再次下降至55.1%，创历史新低。这意味着每两个学生中就有一个面临就业失败。

有必要说明的是，当时就业数据统计时将雇佣双方签有一年以上劳动合同的人员也纳入，也就是说非正式雇佣也包含其中。换句话说，就业率核算时纳入的就业人员既包含正式雇佣者也包含非正式雇佣者。笔者毕业于2000年，当时，每两个学生中只有一个能找到工作，其中有多少应届生是以正式职员的身份进入社会是不得而知的。2003年，20岁至24岁群体的完全失业率在9.8%，也就是说应届生中有一成的学生是完全找不到工作的。

随后，就业率有所回升，恢复至69.9%。然而，雷曼事件[1]再次引发危机，2010年就业率降至60.8%。随着雷曼事件的逐渐平息，加之从2007年开始，曾经的“成团一代”[2]迎来退休高峰，企业方面为保证人才供给，2010年之后，应届生就业逐渐转为卖方市场。正如上文所述，2018年3月，大学应届毕业生的就业率上升至77.1%，终于回到了泡沫经济破裂之前的就业水平。

寻求职位的应届毕业生们，仿佛乘坐着一台随着经济变动而忽上忽下的过山车，他们的命运只能交由毕业那一年的时运来决定。

---

[1] 2008年，美国第四大投资银行雷曼兄弟由于投资失利，在谈判收购失败后宣布申请破产保护，引发了全球金融海啸。——译者注

[2] “成团一代”是指日本第二次世界大战结束后数年间出现生育高峰时出生的一代人，日文为“团块世代”。——译者注

对就业冰河期一代放任不管的后果

我们还能看到下面这样的数据。

2017年，《就业结构基本调查》（总务省[1]统计局）对具有本科学历的男性劳动者的未婚率按照雇佣形态进行划分和统计，20岁至24岁的男性劳动者的未婚率均超过95%，但与雇佣形态关联不大。而35岁至39岁的男性劳动者，正式雇佣形态下的正式职员未婚率降低至24.7%，派遣职员及合同工的未婚率达60.6%，打零工和兼职职员的未婚率则高达79.4%。

根据日本劳动工会总联合会[2]发布的《有关非正式雇佣形态下女性劳动者的相关调查（2017年）》，女性初职（初次就业所从事的工作）的雇佣形态影响了女性的结婚生子。初职为正式职员的，有配偶的占70.9%；初职为非正式职员的，有配偶的占比则只有26.9%。我们再来看看子女的数据统计，初职为正式职员的，有子女的占54.1%；初职为非正式职员的，有子女的占比则只有21.6%。

---

[1] 总务省是指日本主管有关国民经济及社会生活基础的国家基本体系的中央行政机构。——译者注

[2] 日本劳动工会总联合会是1987年经改组成立的日本主要民间工会的全国中央组织，又简称“联合”，此处日文为“連合”。——译者注

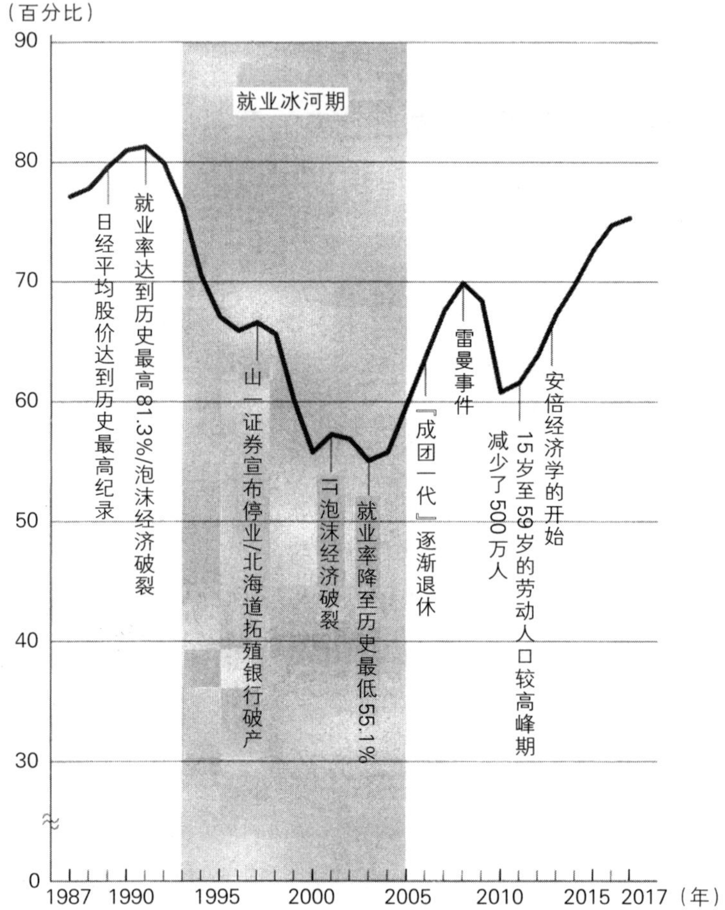

（出处：文部科学省《学校基本调查》）

大学毕业生就业率的变化

倘若女性走出社会的第一步是非正式雇佣，这会极大地影响她的生育抉择。

针对这一情况的调查统计，我们再来看看国立社会保障及人口问题研究所发布的《出生变化基本调查》。该调查每五年在日本全国范围内实施一次，2015年的调查内容为就经济环境对于生育观念的影响来看夫妻平均理想子女数的变化数据。

调查结果显示，数据最高值位于泡沫经济破裂前期的1987年，有2.67人；2015年的数据为历史新低，仅有2.32人。结婚4年以内的夫妻的理想子女数只有2.25人，这也是历史最低数据。我们再来看夫妻平均预计生育子女数的调查，数据显示仅为2.0人。通过比对可以看出，夫妻平均理想子女数的数据已经显示出少子化问题的严峻性，而夫妻平均预计生育子女数的数据更加凸显了人们的迫不得已和在现实中的无可奈何。

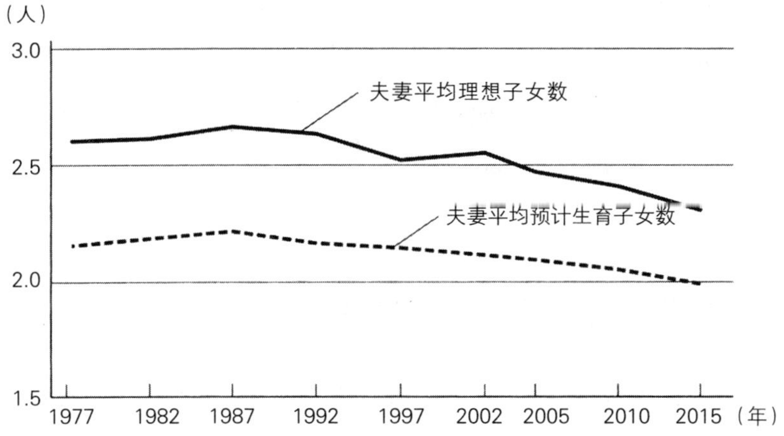

（出处：国立社会保障及人口问题研究所《出生变化基本调查》）

夫妻平均理想子女数与平均预计生育子女数的变化

当然，少子化、老龄化是日本社会面临的极大挑战。2016年，日本的人口出生数量首次跌破100万人，次年又以94万人创了历史新低。

在这样的背景下，高峰代少年[1]（1971年至1974年出生）们早已过了生育年龄。而不可忽视的是，人数较多的高峰代少年以及后高峰代少年（1975年至1981年出生）正是经历了就业冰河期的一代人。他们就算有合适的结婚对象，对迈入婚姻也是犹豫不决的，对生育孩子更是踌躇不前，他们的困难，我们不能忘记。

而且，现在仍有不少中年自由职业者由于前途渺茫，对婚恋迟疑不决。如此一来，不婚者和单身者自然而然地增加了。他们同父母居住在一起，当下还能够靠着父母的养老金和积蓄来维持生活。一旦父母离世或者父母病重需要照料，他们的生活就会雪上加霜，更别提安享晚年了。对他们而言，贫困只有一线之隔。

如此下去，低保制度将会崩溃

早在2008年4月，综合研究开发机构（NIRA）就已经

[1] 高峰代少年是指“成团一代”的孩子们，日文为“团塊ジュニア世代”。——译者注

针对上述问题发布了一份报告——《就业冰河期一代的危机》，向社会敲响了警钟。

该报告指出，所谓就业冰河期应是1993年开始的十年。高中毕业进入社会的是1975年至1985年出生的一代人，而大学毕业进入社会的则是1970年至1980年出生的一代人。但2002年公布的求职年龄构成的基本调查显示，就业人群的年龄通常在25岁至34岁，所以，我们把1968年至1977年出生的一代人统称为就业冰河期一代。

报告指出，非正式劳动者（既非家庭主妇又非在学人员的无业者）的增加，也就是自由职业者的增加，将会导致约774.4万人成为今后潜在的低保对象。倘若这些人需要依靠低保补贴金来维持生活，那么累计则需要增加17.7兆至19.3兆日元的财政预算。

2015年3月，日本的低保对象人数达到了216万人。之后略有减少，但依然保持在210万人左右。从低保对象的年龄层来看，65岁以上的老年人接近45%，40岁至49岁的中年人大约有10%，这说明每十个人中就有一个人需靠低保补贴金来维持生活。长期以来，60岁至64岁接受低保的人数一直高于40岁左右接受低保的人数，但在2014年情况发生了转变。

原本我们所称的“迷惘的十年”如今变成了“迷惘的二

十年”，这是国家没有积极地解决雇佣问题而导致的。2000年时，社会上流传着这样的言论，即“自由职业者想法太过天真”“年轻人只想干感兴趣的工作”，而真正有意义的讨论被忽视了。然而时光飞逝，曾经的“年青一代”成了中年人，成了中年自由职业者，但真正有多少人意识到他们的艰难就是国家的艰难呢？事实上，他们的就业危机会导致消费低迷和国家税收的大幅降低。

笔者的亲身经历

笔者常年致力于研究和探讨就业冰河期，这一研究的起因是笔者对于自己以及与自己处于同一年龄层的朋友们的工作方式产生了困惑。

笔者于2000年大学毕业，据统计，那一年大学应届毕业生的就业率首次跌破60%，也就是说能找到工作的人只有一半。笔者曾向100家公司提交了简历，并接受了50家公司的面试，最终只收到一家大型金融公司的正式聘用通知，担任综合职位[1]。不久，笔者辞职，再次踏上求职之旅，最终在

[1] 日本的许多公司设有综合职位（総合職）和一般职位（一般職），综合职位是指除了负责日常业务以外，还需承担拟订企划方案等需要综合判断业务的职务，相对于一般职位，综合职位更容易获得晋升。——译者注

一家专业性报社寻得一份正式雇佣工作，而那时这家报社根据《民事再生法》[1]的规定刚刚提交了重建申请。

一年后，受到《周刊经济》[2]的邀约，我成为该周刊的契约职员。对方邀请之时就说“最开始只能从契约职员做起”，所以我同每日新闻社达成了合同一年一更新的约定。

工作内容包罗万象，我也夜以继日地投入工作中。媒体行业似乎没有劳动时间一说。由于杂志的校阅时间往往截止到凌晨，有时我就盖着报纸在编辑部的沙发上小憩一会儿，第二天早上又继续开工。

然而，没过多久我就对自己是契约职员的现状感到焦虑。因为这意味着这份工作未来不太稳定。倘若想成为正式职员，我就需要参加笔试并通过才行。另一方面，我逐渐适应了工作节奏，许多读者阅读了我写的报道和特辑，特意寄来感谢信。长此以往，我越发觉得这份工作是十分有价值的，今后就算一直做一名契约职员，我也无怨无悔。就这样，我一直在这种焦虑和满足之间摇摆不定。

而且，环顾四周，我发现身边无论从事哪一行业的朋

---

[1]《民事再生法》是日本规定经营不善的中小企业重建手续的法律。该法律是2000年在废除原有的《和议法》后实施的。——译者注

[2]《周刊经济》（週刊エコノミスト）是日本每日新闻出版社创办的财经专业周刊。——译者注

友，虽然都能够从工作中获得成就感，但他们总是乘坐最后一班电车回家，一如既往地无偿加班，甚至连周末也必须工作，这让他们感到筋疲力尽。

我突然意识到："大家都这么辛苦，这是合乎情理的吗？这难道不是一个巨大的社会问题吗？"

《周刊经济》虽然对于宏观经济颇有见解，但始终将劳动问题看作是与经济、企业经营相对立的问题，但我觉得"正是个体劳动塑造了宏观经济"，"倘若工作使得年轻人疲惫不堪，未来我们将会面临更大的危机"，就这样，我决定开始我的采访工作。

我向编辑部提交了计划书，但由于当时的言论一致认为"年轻人想法太过天真"，所以我的计划书并没有被批准。而且，当时人们更关注中老年劳动者的裁员问题，年轻人的雇佣问题始终不受重视。

那时，"非正式雇佣劳动者"这一词汇尚未被大众熟知，非正式职员仍被称为"フリーター"（自由职业者）。日语"リクルート"[1]（招聘）一词源于1987年，而"フリーター"（自由职业者）一词是由"フリーランス"[2]和"アル

[1] 源自英文"recruit"，意为招聘。——译者注

[2] 源于外来语"free lance"，意为"自由骑士""自由行动者"。——译者注

バイター”[1]合并创造的词汇。当时，这一词汇会使人联想起20世纪80年代的泡沫经济以及讴歌自由的年轻人，这也是许多人并没有意识到事态严重的原因之一。

2003年，我的计划书未被采纳，我便有了辞职的念头。当时也有若干家公司邀请我加盟，我对跳槽一事犹豫不决。年轻气盛的我找到了当时在任的伊藤忠商事社长丹羽宇一郎，向他倾诉了我的苦恼。面对因计划书未被采纳而唉声叹气的我，丹羽社长劝说道：“三次，你再尝试三次。再三请求，相信你的上司肯定会被打动的。倘若还未通过，辞职也为时不晚。”

于是，我下定决心，继续尝试向上层提交计划书。当我第三次提交计划书的时候，终于得到了肯定的答复。当时正值政府颁布了《国民生活白皮书》，提出要关注15岁至34岁高达417万人的青年自由职业者群体。之后，我写了几篇特别报道，而2005年发表的《子女们悲惨的职场生活》反响十分强烈，后续还进行了连载。报道中提出了众多议题，包括正式职员与自由职业者一生的收入大概存在2倍至4倍的差距，自由职业者和啃老族的增加将会导致2030年财政收入

[1] 源于德语“Arbeiter”，意为“临时雇的劳动者”“打工者”。——译者注

缩减约6兆日元，以及这些问题对于宏观经济所产生的影响等。报道的内容道出了形势的严峻，并引起了极大的反响。我很自豪自己能够带领大众来关注就业冰河期。

无力的日本壮年一代[1]

然而，当时的情况并没有什么改变。我很是担忧，这一群体步入中年后，事态会越发严峻。

中年自由职业者的出现，正值经济萧条期，在这样的背景下，不仅他们无法成为正式职员，而且正式职员的职位数也极为有限。进入非正式雇佣的他们，“难以学到工作技能”，就算“有足够的技能也不被重用”。长此以往，哪怕经济复苏、工作岗位增加，他们也仍然无法得到称心如意的职位。

另一方面，社会又普遍认为，既然是正式职员，那就应当加班加点地工作，但一些人觉得“这样下去恐怕自己干不动了”，这导致拒绝成为正式职员的人也不在少数。根据2016年厚生劳动省发布的《兼职劳动者综合实际调查》的数

[1] 壮年一代日文为“働き盛り”，直译为一生中最能干活的年纪，意指年富力强、精力旺盛的时期。——译者注

据显示，选择兼职劳动的人当中，10.3%的人认为是“体力原因”导致自己无法负担正式职员所应承担的工作。

是选择加班加点的正式职位，还是选择雇佣关系不稳定的非正式职位？

许多人在两个选项之间徘徊。曾经有一段时期，许多育儿期的女性无奈地选择了非正式职位。然而，这一选择在男性中也逐渐增多。我们随之听到了这样的声音：“我需要那么拼命地工作吗？有必要执拗于正式职位吗？它真的那么重要吗？”

于是，一些人产生了自我否定。就算有人想要转为正式职员，“到头来事与愿违”的绝望让他最终选择了放弃。

就业冰河期一代相信，只要努力，总会找到一份稳定的工作。然而，现实并不尽如人意，他们的努力得不到认可，用人单位对他们的承诺一次又一次的落空。如此一来，他们对企业和社会产生了极大的不信任感，更丧失了努力的干劲。

大企业一路引吭高歌，仿佛进入了新时代。财政部发布的《法人企业统计调查》显示，企业内部储备的利润收益（除去金融、保险）每年都在增加，2017年度比上一年度增加了40兆日元，总额为446.84兆日元，已连续六年打破历史最高纪录。

国税厅公布的《私企薪酬状况调查》中有关中年劳动者平均年薪的数据显示，中年女性的年薪一直保持在300万日元上下，而壮年男性的年薪每年都在减少。我们来看一下各年龄层男性的平均年薪的变化。1997年、2006年和2016年，35岁至39岁男性的平均年薪分别为589万日元、555万日元、512万日元，20年间年薪减少了77万日元；40岁至44岁男性的平均年薪分别为645万日元、629万日元、563万日元，减少了82万日元；45岁至49岁男性的平均年薪分别为695万日元、656万日元、633万日元，减少了62万日元。

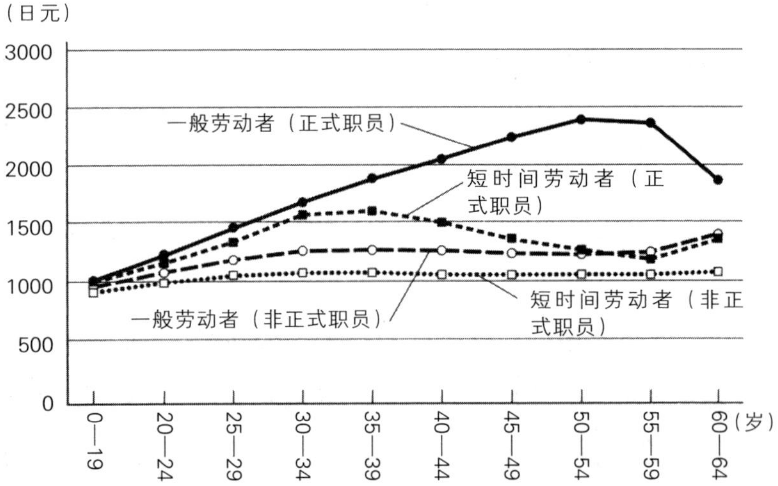

（出处：厚生劳动省《有关薪酬的基本统计调查》）

薪酬曲线（以时薪为单位）

厚生劳动省对全职劳动者中正式职员和非正式职员的工资差额（以2017年的薪酬为例）进行了调查，40岁至44岁的非正式职员，时薪为1294日元，为正式职员的63%；45岁至49岁的非正式职员，时薪为1270日元，为正式职员的56%；50岁至54岁的非正式职员，时薪为1259日元，为正式职员的52%。随着年龄的增加，差距逐渐拉大。

对于上述问题，我们不应该置之不理。

本书构成

为何正值壮年的他们无法找到称心的工作呢？

本书将聚焦中年自由职业者，他们是日本经济逐渐恢复时期被置之不顾的一代，我想去采访他们所经历的苦痛。经过无数次对当事人的采访，我发现他们甚至已经失去了愤怒，有的只是对生活的无奈。

下面是本书各章的内容提要。

第一章，我将介绍几位30岁至45岁的中年自由职业者，讲述他们的艰辛劳作。为养家糊口兼职三份工作的43岁男性，以派遣身份再次进入职场的40岁单亲妈妈，在自治区做着看护工作、属于非正式职员的37岁男性，他们都是典型的“被经济繁荣期忘却”的人。在他们身上，我看到了所谓的“为自己的决断负责”这一逻辑的不合理性。

第二章，我将谈论逐渐浮出水面的女性就业问题。我特别想提出的是“生育期解雇”和“生育期职权骚扰”的问题。以怀孕为由头终止派遣劳动合同，强迫员工值夜班导致其流产，我采访后得到的竟是这些血淋淋的现实。女性所体会的“工作之艰辛”也关乎社会的少子化和老龄化问题。

第三章，我将换一种视角介绍雇佣矛盾的行政处理方法。重视雇佣的企业是如何培养人才的？它们有怎样独特的方法？如果这些方法得以在日本全国推广，中年自由职业者的不幸也许不会重蹈覆辙。

对于个体的采访也许会让人看不到整体的趋势，而只看统计数据又无法体会到个体的苦痛。本书将结合当事人的采访和各种统计数据来分析问题的本质。

最后，除第三章对企业的采访外，本书记录的所有人名均为化名。

第一章

中年自由职业者的现实

❶

一位中年男性的绝望

——三十八岁的健司

“我很难逃离当前的现状了。社会明明急需年轻劳动力，但为何我找不到稳定的工作呢？”

“稳定的工作”在哪里

“咱们怎么总是在我走投无路的时候见面呢？”

38岁的石田健司强颜欢笑地聊起了他的近况。近十年来，我同他一直保持联系，他总是会配合我的采访。他现在靠日工勉强糊口，工作极其不稳定。

按日派遣的时薪不过1000日元上下，常常干了一天也赚不到10000日元。他们会首先申报“等待工作”的状态，之后等待工作指派，有工作的时候勉强能赚到10000日元，但不能选择派遣地点。

接到工作指派后，他们要到离码头最近的车站集合。打工的人形形色色，既有学生模样的年轻人，也有中年人，略显年纪的人大多表情沉重。他们的工作有时是检查点心，负责礼盒的摆放；有时是负责组装弹珠赌博机[1]，他们用专用电动螺丝刀在弹珠赌博机上安装螺丝，一直从

[1] 弹珠赌博机（パチンコ台）又称“柏青哥”“爬金库”，是一种用于赌博的撞球机。——译者注

早忙到晚。一周下来，能安装好1500台赌博机。

他说："时薪很少能达到1000日元。日工派遣的人里外国人较多，所以工厂里教我们干活的也是外国人。"

给便利店供应饭团、面包的加工厂，有接近一半的职员是外国人。大家基本上都不会说日语。又比如，在给超市提供熟食的工厂中，健司的工作是负责分装菜品，而现场的监工是菲律宾人。这些外国人总是戴着口罩，一边大声地聊天，一边进行着手头的工作。尽管健司知道，他们中不乏努力工作的人，但一想到自己身处外国人之中，不由得感到一丝不平衡。

"日工派遣是根据需求而改变的一种工作方式。以我的现状来看，恐怕成为正式职员遥遥无期了。"他体会到了现实的残酷。

当然，这些工作还存在着其他风险。

"体力劳动的派遣，不过是一次性买卖，终归不是长久之计。在工厂工作的时候，如果能跟进整个工程的实施进度，也许会跟现在不同。但日工派遣的话，根本无法长久在此工作，别人教我们的，也只有拧螺丝这种琐碎的工作而已。"

曾经一段时间，他之所以选择日工派遣，是因为笃定能拿到指派工作。但每天的薪资大概也只有6000日元，这些钱只够糊口，更别提存钱了。本想每天至少赚够10000日元，但这样的工作寥寥无几。如此一来，他已经没有多余的钱缴纳社会保险，今后的养老金和医疗保险更是让他焦虑不安。

“我很难逃离当前的现状了。社会明明急需年轻劳动力，但为何我找不到稳定的工作呢?”

他心中的疑虑让我深受触动，恐怕社会上有许多中年自由职业者有着和健司一样的烦恼吧。

曾几何时，自由职业者赚得更多

健司，在东京的平民老街区长大，高二时就退学了。之后的两年，他在便利店和餐饮店打工，开始了自由职业者的生活。当时，他每月有30万日元左右的进账，这些钱足够维持生活。

长时间在狭小店铺工作的他，向往有一份“能沐浴在阳光中”的工作。于是，他进了一家快递服务公司，担任快递员。

他的工作就是从各大快递公司接单，然后骑自行车或摩托车配送货物，相当于自负盈亏的个体户。他跟公司签订了业务外包合同，所以每天都会接到很多订单。这些订单会通过邮件的方式发送到他的手机上。如果快递员拒绝的订单达到一定数量，公司就会认为此人“靠不住”，这样一来，公司指派的订单就会逐渐减少。为了避免这种情况，他几乎什么活儿都接。东京圈内自不必说，就连东北[1]的订单，他也会骑着摩托车赶去送货。因为运费与运输距离直接相关，因此健司也能从中提成。有时一天下来，他要骑行将近100公里。虽然每个月的营业额能达到50万日元，但平均到手的只有20万日元左右。下雨天的时候能多赚一些，他是绝对不会放过赚钱的机会的，有单必接，有时候一个月也能赚上40万日元。

“当时我认为，就算自己高中肄业，只要努力，还是有希望的。”

他咬紧牙关，努力坚持着。

送货的工作持续了六年，虽然中途合作的公司陆续更换，但对他来说没什么区别，都是自负盈亏式的打工。在这期间，他还增加了IT业务。当时，各大电脑运营商正招聘大量修理打印机的摩托车骑手，又称“电脑硬件修理

[1] 日本东北地区指的是位于本州的东北六县，即青森县、岩手县、宫城县、秋田县、山形县和福岛县。

员”[1]。就这样，口口相传，健司也决定加入。打印机网络系统的维修工作需要进行为期两个月的培训才可以上岗。上岗后时薪可达1300至1500日元，他对此十分期待，认为“这是能够增加工作技能的好机会”。

就这样，健司拿到了某大型电脑运营商的工作证，他的工作内容就是应客户的要求赶到现场去维修电脑。然而，客户一方实际上已经与其他公司签订了业务外包合同，这种做法其实是一种“违法外包”。

“违法外包”虽然签订的也是外包（委托）合同，但实际上属于劳务派遣，它是违法的。外包原指通过完成业务来获得对等价值的合作（《日本民法典》第632条作了相应规定）。所以，在现场接受发包方命令和指挥的工作形式并非业务外包，而是劳务派遣，因为它不符合法律所规定的外包的构成要件。重复发包使得被雇佣一方的职责不明确、模糊，从而双方都无法遵循基本劳动条件。

健司的工作形式便是典型的“违法外包”，在“三重派遣”下，健司不由得怀疑“在这个行业还有稳定的工作吗”。于是，他重新开始了求职。

---

[1] 日文为“カスタマーエンジニア”，指负责顾客电脑系统维修管理的工程师，又称“CE”。——译者注

“稳定”遥不可及

当时，健司有个交往中的女友，且正考虑结婚，因此他无论如何都想找到一份正式职员的工作。[1]

2008年9月，健司终于被一家印刷公司录用，三个月试用期后就可以转为正式职员。每天上班时间为早上9点到营业结束，有时会忙到凌晨2点，月收入为25万日元，他生平第一次加入了社会保险。入职之初，公司业绩很不错，工厂24小时运转，工人们两班倒，他有时也会上夜班，因此每个月的工资加上加班费能拿到将近30万日元。

“马上我就能成为正式职员了，也即将迈入婚姻生活，

[1] 笔者一直在探讨2005年之后雇佣不稳定对婚姻的影响，而近年来的调查数据也印证了我的猜想。具体请参考我在序章中介绍的总务省统计局发布的《就业结构基本调查》。

除此之外，参照劳动政策研究及研修机关发布的《有关青年就业情况、职场、职业能力开发现状的调查》，我们也能看出雇佣形态对于婚姻的影响。关于男性有无配偶的调查中，25岁至29岁的正式职员中有31.7%的人有配偶，而兼职、打工、派遣、契约、特约职员等“非典型雇佣”中，仅有13.0%的人有配偶。在“非典型雇佣”中，兼职、打工的人群里，更是只有7.4%的人有配偶。

30岁至34岁的男性之中，正式职员中有配偶的占57.8%，“非典型雇佣”中有配偶的占23.3%，其中兼职、打工的仅有13.6%的人有配偶。换句话说，是否为正式职员已经成为男性步入婚姻的条件之一。该调查还显示，男性的年收入越高，有配偶的比率则越高。

我终于能过上安稳的日子了。”

他满心欢喜地期待着新生活的到来，结果等来的却是雷曼事件[1]。

雷曼事件影响了包括日本在内的全球经济。日元升值导致出口产业凋零，国内各工厂纷纷“终止劳动派遣”，失业率飙升，许多走投无路的人甚至流落街头。2008年10月28日，日经平均股价指数跌至6994日元，降至泡沫时期以来的最低点。尤其是金融和房地产行业，遭到了前所未有的打击。

健司的公司主要负责房地产公司宣传册的印刷，受金融海啸的影响，公司业绩逐渐下滑，业务量也随之减少。工人加班量减少，健司每月到手的工资只有21万日元。与此同时，社长迟迟没有批准健司的转正申请。

“与其这样，还不如再做一份兼职，多赚些钱。”

就这样，健司认清了公司的现状，放弃了转正的机会，决定开始兼职。他一边在原来的印刷公司以打零工的形式上着时薪较高的夜班，一边靠日工派遣在白天赚些外快。这样下来每个月的收入能达到30万日元。

[1] 雷曼事件是指2008年美国大型投资银行雷曼兄弟投资失利，随即而引发的全球金融海啸。

夜以继日的工作、快节奏的生活使得他和妻子的交流甚少。一年之后，两人的婚姻走到了尽头。工作上，由于印刷公司的业务量下滑，夜班的活儿也越来越少了。

唯一一次正式职员经历

“我什么都没有了。”他说。

婚姻结束后，他从以前的房子里搬了出去，找到了一间合租房，重新开始了打日工的生活。

所谓的合租房，实际上只是废弃工厂整修成的房子，供30人至40人居住。每个房间由隔板隔开，只有两张榻榻米那么大[1]，简单地摆放着上下铺式的双层床。这里总有一股油污的气味，灰尘多，让人嗓子很不舒服。住在这里的人贫困潦倒，生病了也去不起医院。健司一直是个乐观向上的人，但那时的他甚至一度想过自杀。

他最终没有走向绝境，是因为派遣公司给他介绍了一份工作。他的心中燃起了一丝希望，挣扎着从地狱般的生活中爬了出来。

[1] 日文为“畳”，该词是通过榻榻米数量来计算面积的测量单位，每个榻榻米大约1.62平方米。——译者注

他想："就算是日工派遣，每天都有事情做也未尝不是件好事。就算找到了一份正式雇佣的工作，没有好的业绩，也有可能被解雇。要是赶上公司破产，更是前功尽弃。与其这样，还不如好好地思考如何自力更生。"

接下来的两年，健司一边靠日工派遣维持生计，一边不放弃求职，试图寻找更好的机会。终于，机会来了。

健司最初是以合同工的形式入职的。这是一家新兴的IT公司，健司入职时只有社长、上司和他三个人，随后三年半的时间又招聘了10多名员工。就这样，健司领到了久违的月薪，虽然没有正式签约，但自然而然地成了一名正式职员。他每月到手的薪水为17万至18万日元。这家公司属于大型制衣企业总公司的"服务台"，他作为常驻职员负责IT方面的技术支持，具体负责管理和维护客户公司的收银系统。

白天，他需要接听各店铺咨询电脑运行以及系统故障的电话。只有到了晚上，他才有时间赶往现场统一处理问题。他的工作在规定的上班时间内是无法完成的。即便到了周末，他还会收到来自全国各地200多家店铺的100多单投诉和咨询。

由于太过繁忙，他最终选择结束这份工作，而这是他第一次也是唯一一次成为正式职员。直到今天，他仍然做着日工派遣。

健司这种工作方式，一方面，导致他无法被纳入社会保障制度；另一方面，又导致他没有多余的钱来购买普通保险。

针对非正式雇佣的劳动焦虑，我们的社会也逐渐完善了保险体制，那就是劳动工会推出的“互助险”。比如，日本医疗劳动工会联合会推出了医疗、看护人员可以加入的“医劳联合互助险”。只要加入劳动工会，就可以购买保险。这样一来，无论是非正式雇佣职员还是工会会员的家人都可以加入保险了。“生命互助险”“医疗互助险”“交通灾害互助险”统称为“互助险套餐”，只需每月分期付款800日元即可加入。因流感等疾病休假五天以上，就可领取停工补助。这一制度对于从事时薪和日薪工作的非正式雇佣劳动者是非常有帮助的。日本医疗劳动工会联合会互助险的负责人说道：“加入互助险和劳动工会，可以遇到志同道合的伙伴，也避免了职场上的孤军奋战，雇佣双方在劳动条件改善等问题上也更容易交涉。”

这种有保障的系统制度正是国家应该大力推进的。

2

经济恢复渐行渐远

在中小城市，正式职员的岗位较少，想要求得一份稳定的工作更是难上加难。

被“三重工作”追赶的日日夜夜——四十三岁的信也

“安倍经济学只是针对电视上说的大企业的政策，我们这些‘下等人’享受不到此等恩惠。”

43岁的藤田信也的话也不无道理。他几年前下岗，在北关东打工，靠着兼职三份工作，勉强维持生计。没日没夜工作的他，甚至没时间见妻子和年幼的孩子。

他的妻子是一名护工，由于工作太过辛苦，曾一度辞职。她厌倦了看护的工作，决定再也不做了。但不久，迫于生计，她又重新回到了职场。赚的工资几乎全部用作孩子的托儿费，她不由得觉得得不偿失。

用人单位跟她说，“在这儿工作就必须值夜班”，但由于丈夫晚上要工作，没法管孩子，她就只能自己带孩子，无法上夜班。她应聘了好几家看护中心，几乎都给了她这样的答复：“不能正常值夜班，我们就没办法雇佣你。”最终，夫妻二人只能有一方放弃工作。妻子考虑过在别的行业从头干起，但由于孩子太小，很难兼顾。

信也兼职的三份工作全都是临时性工作，商店时薪800日元，餐饮店时薪750日元，公共事业单位时薪750日元。他每天工作10至12小时，天天如此，几乎从不休息。

算上每份工作之间的通勤时间，他几乎是早出晚归，回家倒头就睡。午饭就在赶赴下一份工作的路上解决，他总是在等红灯的时候急急忙忙地将一个饭团塞进嘴里。即便如此拼命地工作，他每月的收入也只有20万日元左右。扣除养老保险金和医疗保险金后，已然所剩无几。加之菜价上涨，水、电、煤气费等各种费用也不断上涨，生活颇为艰难。好在他住的是公营住宅，每月房租不到10000日元，勉强可以维持生活。

他在商店负责自行车卖场，总有顾客问他："能骑就行，有没有更便宜的？"价格较低的自行车销量总是不错。信也说："能买得起10万日元的电动自行车的人，大概都是在赌博机上赚到钱的吧。"

他说，观察客人们在餐饮店里点的菜品就能大概知道当下的经济形势究竟怎样。开着高级轿车、生意人模样的男性顾客，也只会点600日元的大份荞麦面，几乎不会点1200日元带天妇罗的荞麦面套餐。五六十岁、看上去领导模样的客人也是如此。"在小城市的餐饮店或物流店工作，大概就能看出如今经济形势的真实状态。"信也边说着边打了个寒战。

近年来，他越来越不关心国家的政治选举了。

“反正不管怎样，自民党都会胜出，有时间去投票，还不如多干点活，多赚些钱。我已经没有任何期待了。”

信也将钱包里的3000日元买成了彩票，这是他手头上仅有的纸币了。他说他知道这是在孤注一掷。他目不转睛地盯着自己攥着彩票的手，说道：“仔细想来，真是空虚啊，用仅有的这点钱，做着中奖的美梦……”

> 不管怎样劳动，不管怎样劳动，我的生活还是不能安乐：我定睛看着自己的手。[1]

信也的心境像极了曾经的这首和歌，他走进了石川啄木的世界。如今，他回到了东北老家，在那里重新开始了生活。

因抑郁症而走入非正式雇佣的循环——四十四岁的武志

“您44岁？在公司里，这个年纪应该差不多是个部门经

[1] 这是日本现代诗人石川啄木创作的著名和歌中的歌词，作于1910年7月26日。此翻译引自周作人先生的译文，请参考《周作人译文全集》（上海人民出版社2012年版，第29页）。——译者注

理了吧？”

中年自由职业者野村武志，只要在面试的时候听到这种话，就知道用人单位在变相地说“我们这儿不需要你”。他越来越感受到了年龄是他求职的障碍。

武志毕业于专科学校，毕业后就职于一家旅行社。面对繁重的工作，他选择了辞职，随后在一家中等规模的药店重新开始工作。这两份工作都是正式雇佣。药店，即使在经济不景气的形势下，仍然能够保持营业额的增长。许多药店通过设立处方药窗口，吸引在医院就医后的顾客[1]，除此之外，还通过增加药品、扩充自主品牌（Private Brand，简称PB）来提高利润率。药店的这些策略逐渐奏效，这样一来，也增加了不少就业机会。

武志勤勤恳恳地工作，终于被提拔为店长。但实际上，店长只是一个头衔，他是一个无话语权、无决定权的徒有虚名的店长。倘若临时有员工请假，作为店长的武志就需要顶替他出勤，这导致他几乎没有假期。没成为店长之前，店里还会如实支付加班费，成为店长之后，加班费就没有了，每月到手的薪水计算下来还不如从前。

[1] 日本医疗系统实行医药分离制度，医院不销售药品，即使去医院看病，也需要根据医生开具的处方到医院以外的药店购买药品。——译者注

即便如此，武志也做出了成绩。他细心地留意顾客微不足道的谈话，努力去了解顾客的需求，并耐心地为顾客推荐合适的药品。比如，针对感冒的顾客，他不仅向其推荐感冒药，还会推荐营养口服液；针对想要补充营养的顾客，他会推荐维生素口服药。而且，药店对面是一家皮肤科诊所，有些患者看完病也会来药店买药。为了避免卖错药，他购买了有关皮肤病的书籍，自学相关知识。

武志的努力没有白费，药店的回头客增多，销售额也比上一年增加了5至10个百分点。然而不论他再怎样努力，哪怕业绩有了明显的提升，薪水始终没有变化。他每月的工资加上5万日元的店长津贴，总共24万日元左右。在店里，他仍然只是一个随叫随到的劳动力而已。

就这样过了四年，武志的心理逐渐发生了变化。突然有一天，他看到进店的顾客，不由得感到了恐惧。

之后，只要店里来客人，他就会突然感到心像是被人揪住一样，呼吸不畅。他难受得无法站立，只能慢慢坐在地上。他前往医院就诊，做了心电图和超声波检查，并无异常。但他还是会无缘无故地感到兴奋和激动，然后马上又会变得沮丧，甚至想哭。

某天，他看到自动贩卖机，控制不住地踢了几脚，又马上意识到自己的情绪出现了问题，于是他坦率地询问了店里的员工们。

“这段时间，你们觉得我情绪怎么样？”

大家回答道，“没什么精神、状态差”“容易暴躁、生气”。于是他又去了医院就诊，被诊断出得了抑郁症。那时，他还遭受了上司的职权骚扰，甚至一度自暴自弃。虽然公司的社长一直帮他，但没到半年，他还是觉得自己不能再这么下去了。

从正式职员转成非正式职员的理由

武志想，再这样工作下去可能会死人，于是，他辞去了药店的工作。

武志的父母是日本“成团一代”，面对辞职的儿子，他们很不理解：“抑郁症又不是病，你就是在偷懒。”武志感到在家里待着如坐针毡，因为父母不停地数落他，并让他“调整心态”。有一天，他晕厥了过去，幸好救护车及时赶到，把他送进了医院。到医院之后一周发生的事情，他甚至没有任何记忆。

辞职一年后，武志再次开始求职，非正式雇佣的工作换了一个又一个。就业冰河期，许多人就业时进了黑心企业，导致精神和身体都受到了打击，随后又陆陆续续地选择了辞职。他们接二连三地变成了非正式职员或无业游民，事业中断，从此沦为中年自由职业者。武志就是他们中的一员。

许多人大学毕业后得到了一份正式工作，但不幸遇到黑心企业，随后身心俱疲，不得不做非正式雇佣的工作。

劳动政策研究及研修机构发布的《有关壮年非正式雇佣劳动者工作和生活的相关调查》（2015年）显示，以男性为例，20岁至30岁从事销售、餐饮服务行业的人与壮年期（35岁至44岁）成为非正式雇佣劳动者的人之间存在着密切的关系。该研究还针对壮年期跳槽，特别是正式职员的离职和辞退情况进行了以下的调查分析。“以前的工作是否需要熬到深夜？”“双休日是否经常一天也不休？”“是否（因工作原因）患有某种精神或身体上的疾病？”“是否在职场受到过骚扰或侵犯？”“每周劳动时间是否超过了60小时？”对这些问题回答“是”的人，相比于回答“不是”的人，跳槽时变为非正式雇佣的几率高了3.9个百分点。

除此之外，我们可以参考劳动政策研究及研修机构发布的另外一份报告——《有关青年离职状况和离职后事业发展状况的调查》（2017年），该报告呈现了“辞去第一份正式雇佣工作”的青年们一年之后的发展情况。调查数据显示，有30%的男性及40%的女性一年后变为非正式雇佣。另外，男性和女性中都有10%的人进行了疗休养。调查还显示，正式雇佣期越短，离职后成为非正式雇佣的几率就越高。

“周末还能休息，您可真了不起”——三十三岁的幸平

广田幸平一直在苦恼即将迈入35岁的中年生活。

广田幸平，33岁，居住在北海道札幌市，他一直在苦恼“是一直作为妻子的扶养对象[1]，还是找一份兼职呢？”这是因为，他还不太清楚目前的工作究竟是否属于正式职位，但年收入只有120万日元左右。

社会上流传着一种“35岁起跳槽难”的说法。35岁以下，跳槽还有希望。但在小城市，工作岗位原本就不多，找工作十分艰难，就算是35岁以下的年轻人也很难逃离自由职业者的生存状态。

幸平毕业于北海道某知名大学，毕业后就职于一家大型旅游公司。入职后，他被派到地方的分公司工作，负责销售。很快，他就感受到了严苛的工作氛围。只要他周末休息，公司的前辈就会发邮件给他：“今天你没来上班？您可真

[1] 在日本，只要被登记为“被扶养者”且年收入在一定数额以下（2018年改革以前，通常为103万日元以下，改革后根据扶养者一方的收入有所调整），就可以享受税金和社会保险的减免。——译者注

了不起啊！”如此一来，每个人都被逼无奈进行义务加班。比起工作效率，公司更强调工作时间，这不是黑心企业又是什么呢？

随着入职年数的增加，公司对绩效的要求也更加严苛。一旦业绩不佳，就会被领导叫去谈话，每天甚至要花一两个小时的时间听领导训话，就像被罚站一样，这种做法就是典型的职权骚扰吧。

那段时间，他甚至诅咒领导生病或患上抑郁症，但很快他察觉到自己这种心理是病态的。之后，他越来越没有干劲儿，销售业绩停滞不前；而且只要被领导训斥，他就会被负能量包围。

入职第四年的某一天，他忽然眼前一片模糊，险些晕厥过去。他确信自己的身体由于精神上的压力出现了问题，于是，从那一刻起，他下定决心再也不去公司了，他的忍耐已经到了极限，他跳上车子逃走了。他甚至没有勇气去公司请假，也不敢接听电话。

那一周，他都住在车里，有时会去便利店的报刊货架前读读杂志，漫无目的地四处走着。他决定回到一个人住的公寓，没想到正巧碰到公司的另一位领导（不是职权骚扰的那位）来探访。领导向公寓管理员借了钥匙，并说：“我很担心你，怕你出什么意外。”之后，幸平辞职了，他说道：“我再也不想回公司工作了。”

决断的店长和言听计从的员工

幸平觉得自己受够了，便愤然选择了离开。他来到北海道，找他大学时谈的女朋友。身心俱疲的他，找了一份时薪850日元的工作，他准备一边打工，一边多运动来平复心情。当时，他有失业保险的补贴，因此每周只需工作3至4次，每次4至5小时。看到女朋友拼命地工作，自己当起了“家庭主夫”，承担主要的家务劳动，他又心生愧疚，于是开始了新一轮的求职。

他对于销售工作产生了心理阴影，但从销售转为文书又谈何容易。他明白，“一旦做了销售，就要一条路走下去”，于是他在当地一家中型的印刷公司重新找到了一份正式雇佣的销售工作。这家公司对业绩的要求不高，销售对象都是老顾客，销售方法容易上手，公司内的氛围也比较融洽。唯一不足的是工资不高，每月到手20万日元，年终奖也只有20万至30万日元。他看不到工作的未来发展前景。

女朋友的年薪有500万日元，工作也算稳定，但公司经常调派职员，女朋友有可能被调派到外地。幸平今后也很有可能被外派到全国各地，因此他也担忧，结婚之后，“两个人如果都被外派，该如何是好呢?”就在这时，朋友向他介绍了保险行业。

朋友说未来保险行业前景可观，建议他参加大型损害保险公司[1]为期三年的研修培训。研修期间，公司不仅会让员工加入社会保险，而且每月还有30万至50万日元的收入补贴。研修期满后，就可以独立开展业务，到那时，年收入1000万日元都不在话下。“这是好机会啊!”幸平想。于是，他决定跳槽，并在研修期间与女朋友结婚了。

三年研修期满后，某独立经营[2]代理店的店长对他说正在找继承人，并邀请他加入。于是，他便进了代理店工作。之后，他发现代理店虽然负担了他的社会保险费用，但雇佣合同十分不明了，最初每月工资只有10万日元，三个月后，店长只说了一句“每个月给你加3万日元”。

每月的工资和工资单通常是由店长当面交给店员的，工资单上写着扣除健康保险、养老保险、雇佣保险外，每月基本工资为13万日元。明细单上的具体金额也是四舍五入的，工资当面支付，实在是太过随意。店里也没有销售业绩

[1] 日本的损害保险是指为赔付偶然事故所招致损害的保险，如火灾保险、海上保险、运输保险等。——译者注

[2] 日文“一人親方”，是指不雇佣员工的个体经营户，他们独立经营业务，且不属于任何公司，如依靠承包业务的木匠、瓦匠、电工等。——译者注

之说，上班时间极其自由，但就算业绩优秀也没有加薪机制，所有一切全靠店长一人决断。这样一来，幸平连贷款都无法申请，生活费则主要依靠妻子的工资。倘若一个人生活，这点工资恐怕难以维持生计。

现实太过残酷

某天，他的一位前同事找他商量建造房子的保险事宜。

前同事工作年限不如他长，如今年薪已有400万日元，而幸平只有120万日元。他开始懊恼："当初如果一直在那儿工作就好了。"但是他现在刚有了孩子，又想，"年薪虽有400万日元，但需前往全国各地出差，相比之下，还是这种自由的工作较好"，心中不由得五味杂陈。

幸平夫妻俩想要两个孩子，但不知妻子何时会被公司外派。过了35岁后跳槽，在他们生活的小城市，想要再找一份比妻子如今的收入还高且稳定的工作恐怕很难。要是妻子不得已被外派到其他地方，那幸平只能选择一份好通融的工作。虽说如此，全职工作的话，周末工资会高一些，正是赚钱的好时机，那周末的家务劳动和照料孩子就只能依靠妻子了。

幸平为了多赚些钱，就开始了他的副业。但考虑到劳动时长和回报，他一直犹豫到底是去便利店打工，还是选择成为妻子的扶养对象呢？

近年来，应聘选择率[1]有所增加。根据《普通职业介绍状况》（厚生劳动省）的调查，2018年8月，除去大学应届生的应聘选择率（包含兼职在内）为1.63，超过了泡沫经济破裂前1990年度1.43的应聘选择率。雷曼事件过后的2009年，应聘选择率一度跌至0.45，由此可以看出，当下的就业形势有了较大的回暖。

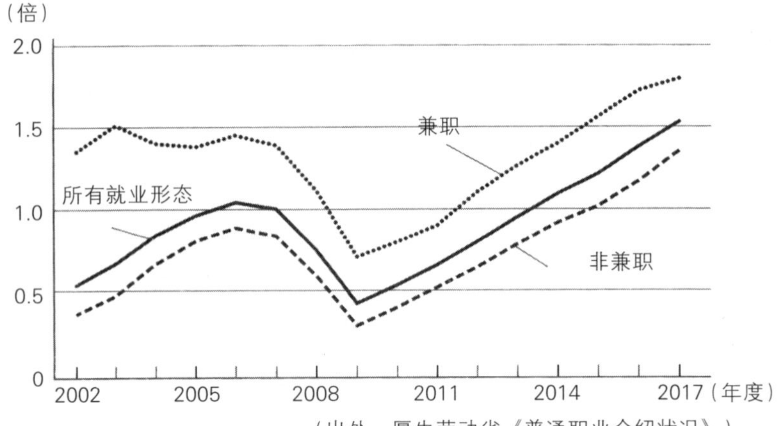

（出处：厚生劳动省《普通职业介绍状况》）

应聘选择率的变化曲线

[1] 应聘选择率的日文为“有效求人倍率”，这是由地方人才市场所统计的数据，计算方法是每月有效招聘方数量除以每月有效求职人数。这里的“有效”指人才市场所登录的有效期限内的求职招聘信息。——译者注

但是，我们仍然需要留意的是，招聘信息中包含着大量的兼职招聘。2018年8月新登录的应聘选择率[1]为2.34，其中兼职人数38.28万人，兼职以外的58.16万人。也就是说，虽然就业形势回暖，但正式职员的有效应聘选择率仍然停留在1.13左右。

中小城市的情况则更加严峻。从各行政单位的有效应聘选择率（按照地域划分）来看，幸平所在的北海道，应聘选择率只有1.23，为全国最低。2018年8月，北海道的正式职员应聘选择率仅为0.84，远远低于全国1.13的平均值。

在中小城市，正式职员的岗位较少，想要求得一份稳定的工作更是难上加难。中年自由职业者，还有作为自由职业者预备军的年轻人，他们的数量决不在少数。

[1] 新登录的应聘选择率的日文为“新规求人倍率”，其计算方法为在人才市场新登录的招聘方数量除以求职人数。——译者注

3

只有正式职员才能结婚吗

他想再遇见一位心仪的人，一起携手走入婚姻。他觉得只要找到一份稳定的工作，就一定能够得到女方的认可。

没有稳定工作的中年人——四十五岁的恭介

“之前我一直很在意自己是否是正式职员，现在放弃了。”45岁的木下恭介这样说道。他在即将40岁的时候，选择了放弃。

恭介一度是英语培训班的正式职员，担任讲师。但由于长时间工作，在28岁那年，他患上了自主神经功能紊乱，随后便辞去了培训班讲师一职。一年后，他觉得自己再不回归职场，今后恐怕无法工作了，于是重新找了一份不用加班的文职类的派遣工作。

当时正值就业形势严峻之际，人们甚至称那段时间为“超就业冰河期”。他通过派遣工作逐渐又适应了职场，便想寻一份能成为正式职员的工作，但总是不尽如人意。那年，恭介已经30岁了，重新求职显然十分困难，于是他继续做着这份派遣工作。

然而他心中仍然渴望有一份正式工作，盼着哪一天能成为正式职员，毕竟派遣工作不稳定，合同随时都有可能被终止。

他想依靠自己扎实的外语技能重新求职，但令人沮丧的是，正式职员的职位几乎没有，他还是只找到了一份派遣工作。一般来说，正式职位都是需要加班的销售等岗位。

让恭介重新拥有动力的是他的恋人，为了结婚，他努力找了一份正式工作，就职于一家中小型的广告公司，担任销售员。这份工作远比之前在培训班当讲师辛苦。为了遥不可及的销售业绩，他每天乘坐最后一班车回家。然而，年收入只有320万日元，且没有加班费。工作的压力让他患上了胃溃疡，随后又得了抑郁症，他日渐消瘦，一年后选择了辞职。对恋人而言，恭介的状态让她对未来充满了焦虑，她最终选择离开恭介。

那一段时间，恭介始终精神恍惚，他想："毕竟自己才30多岁，一切还能重来。"于是，他重整旗鼓，一边做着派遣工作，一边继续寻找正式职位的工作。他想再遇见一位心仪的人，一起携手步入婚姻。他觉得只要找到一份稳定的工作，就一定能够得到女方的认可。

雷曼事件之后，男人们比以前更想要寻求一份可靠的、稳定的工作了。我们可以参照AXA生命公司2010年公布的调查报告（《成年女性的风险情况调查》）来看一下30岁至40岁单身女性寻找另一半的具体条件。

排第一位的是"价值观"（61.8%），第二位的是"财富观”（27.0%），第三位的是“雇佣状况的稳定”（26.3%），这三点并称3K[1]。在泡沫经济期，3K原本是指高收入、高学历、高身高，如今这三点要求分别排到了第9位、第19位、第20位，逐渐不被人们重视。从这些调查数据中，我们可以得知女性对另一半的要求越来越现实。

除此之外，根据联合综合生活开发研究所公布的《有关非正式劳动者工作情况及意愿的第二次调查》（2016年），我们可以看出，在男性非正式劳动者中，未婚率达到89.6%，年薪越低未婚率越高。比如，年收入100万至200万日元的，未婚率为93.0%；年收入200万至300万日元的，未婚率为89.1%；相比之下，年收入300万至400万日元的，未婚率相对较低，为72.5%。

恭介想寻找一份相对稳定的工作，但文书工作通常都是非正式雇佣，正式雇佣的往往只有销售岗位，且工作时间较长。为了一份长久的工作，他甚至想过重新接受职业培训。许多公司的招聘中，会计岗位通常属于非正式雇佣，系统工程师的岗位正式雇佣的机会相对较多，但较长时间的加班又在所难免。

[1] 因为这三点的日语发音首字母都是“K”开头的，所以并称为“3K”。——译者注

四处碰壁的恭介继续寻找着工作，笔试面试一个不落，然而，由于职业技能有限，他始终没有找到一份心仪的工作，内心越来越焦虑不安。他长时间从事非正式雇佣工作，这成为他再次求职时的不利因素。这也正是中年自由职业者们之所以举步维艰的关键所在。

恭介所在的派遣公司，已经不会将他外派到有转正机会、条件优越的公司了。未来的希望越发渺茫，恭介彻底放弃了寻找正式职位，他甚至对于今后可能会失业也做足了心理准备。

加入相亲大军也是奢望——四十三岁的拓也

“我不想到40岁还没有一份稳定的工作。这样下去，不仅结婚无望，连老了之后的生活都是个问题。”

这种担心来自本书序章介绍的松本拓也。对他而言，只要有工作干，他决不挑地点。他长期以来在小城市的工厂和小店干着包吃包住的工作，梦想着某一天能够结婚、建立自己的小家，但是收入微薄的他甚至不敢加入相亲大军。

拓也毕业于专科学校，学的是与餐饮相关的专业。毕业时正值经济不景气，因此暂时没有找到稳定的工作，靠给饭店打工维持生计。曾有一段时间，他在关西地区经销酒水的商店工作，并晋升为正式职员。但好景不长，公司经营困难，开始大量裁员。第二年，拓也也被解雇了。从此之后，拓也的事业越发不顺。由于被解雇，公司提供的宿舍便不能再居住，他被下了逐客令。就这样，失去工作的拓也也失去了落脚之处。

拓也没有存款，为了凑够搬家所需的费用、押金和礼金[1]，只得向朋友求助。入不敷出的他，开始用信用卡申请小额贷款，加上其他的银行贷款，总共欠债300万日元。

拓也尝尽了失业和居无定所的艰辛。

“连银行都拒绝了我的贷款申请，我连房子都租不到了。”他说。

根据东京发布的《有关居无定所不稳定劳动者的情况调查报告》（2018年）显示，在东京24小时营业的网咖或漫画咖啡店中，通宵待着的无固定住所的人数每天有4000人左右，其中无固定住所的劳动者（派遣、兼职、打工）大约有3000人。据悉，这一数字接近雷曼事件时期所谓“网咖难民”的人数。从年龄层来看，30岁至39岁的人最多，占总人数的38.5%，其次是40岁至49岁，占19.7%。从雇佣形式

[1] 在日本租房子，需要向房东支付一笔费用以表达感谢，即为礼金。——译者注

来看，30岁至39岁的中年不稳定劳动者占了38%。拓也也是其中之一。

再就业困难重重，仅靠打工的收入根本不足以支付房租。于是，他找到了一家提供住所的工厂，通过与工厂签订承揽合同，承包工程以维持生计。

他搬到滋贺县后，在附近的大型电器公司或汽车公司的生产车间干组装的活。然而，由于业务骤减，合同还未到期他就被解雇了。随着工厂生产计划的调整，人员雇佣也要随之调整，现实往往很残酷。对工厂而言，提高效率和减少成本才是最主要的；对打工的人而言，工厂的经营状况至关重要，他们随时可能会因为工厂的不景气而风餐露宿。

以前，劳动市场上还存在着日工、离乡外出务工这样不稳定的劳动形式。然而，近年来，这类不稳定的劳动形式又以另一种面目登场，企业不是直接雇佣合同工或临时工，而是通过承包公司或派遣公司来雇佣人员，这使得责任的承担变得模糊，且变相地加剧了解雇的频率，更让人觉得企业毫无人情可言。

拓也又重新开始了求职之路，由于他没有驾照，在小县城找工作十分困难。因为像销售、看护等缺口较大的职位，通常都需要开车跑外勤。

他想要考驾照，却苦于没有学车的资金，就算去人才市场注册，驾照也是申请求职的基本条件之一。

就这样，拓也被求职的种种困难压得喘不过气来。有时为了排解郁闷，他也会去各社区设置的婚介所碰碰运气，但总是不出所料地吃闭门羹。

婚介所里年长的工作人员劝说他道：“你如果能找份工作或者愿意做农村的上门女婿，那就有结婚的希望。”他经常在街上看到婚介所的宣传信息：“唉，这些信息大概都是跟无业游民和低收入的男性毫无关系的吧。”

他在那一瞬间感觉自己是个彻底的失败者。对中年自由职业者们来说，连婚姻都成了奢望。

依然憧憬渺茫的未来

拓也一边在工厂做着短工和临时工，一边执着地求职。终于，好运降临，他找到了一份正式工作。本书序章也稍有介绍，这是一家位于东海地区的经销酒水的公司，他的身份是契约职员，每月工资30万日元。虽然每月需要加班70个小时，但对于33岁的他而言，这的确是一份难得的工资与年龄相符的工作。

他被外派到静冈县的分店，公司还给他配备了宿舍。他以契约职员的身份加入，同时也是副店长。全店的正式职员只有店长一人，契约职员有两三位，剩下的都属于临时职员。除了临时职员外，其余职员每月固定加班83个小时，年初年末的时候甚至达到130个小时。

然而，公司并不会补贴加班费。拓也想："这样工作下去，过劳死也不是没有可能，零售行业能干到四五十岁吗?"他不禁产生了疑问。

他周围的营业员陆续辞职了。根据厚生劳动省公布的《雇佣动向调查》（2017年），我们来看一下各行业离职的动态变化。离职率最高的是住宿餐饮服务业，高达30.0%，拓也所在的批发零售行业，离职率为14.5%。有人辞职，就有人获得就业机会，这个社会就是如此。

经济的通货紧缩也会导致零售行业缺乏秩序，许多店铺因此卷入价格战，经营变得困难。拓也所在的店铺被合并，不久，他被外派到东京工作。工作仍然是加班不断，拓也想："就算是过劳死，也要再坚持坚持，至少要得到与自己劳动等价的收入。"于是，他要求公司支付拖欠的薪水，没料到，公司随后就终止了与他的劳动合同。

拓也为了生计，之后在配送中心和食品工厂值夜班，开始了按天结算的日工。他渐渐意识到："再怎么焦急也找不到正式工作，伴侣就更别想了，我大概会就这样迎接自己的40岁、50岁吧。"

餐饮业和零售业的工作岗位不少，薪水却不高。而且，非正式职位较多，升职遥遥无期。根据国税厅发布的《私企薪酬状况调查》，批发零售行业的平均薪水（包含奖金）为364万日元，其中19.5%的人处于100万至200万日元这一区间（2016年）。

拓也为了摆脱失业后只能打零工的局面，选择了暂时休整，以调整心态。为了节约生活费，他搬到了月租金4万日元的公营住宅。他每月可以领到15万日元的失业保险金，这样基本可以维持生活。趁此，他决心再找一份正式雇佣的工作，并进入职业培训学校，开始了计算机技能的学习。

通常来说，非正式职员即便在一家公司持续工作了较长时间，也很难转正升职。更何况拓也所在的零售行业，转正的机会更是少之又少。零售行业为了降低成本和扩大利润，压缩了晋升空间，并且行业内的跳槽、加薪、转正都并非易事。除非考虑转行，否则在这个行业中很难摆脱不稳定雇佣的状况。

许多企业对非正式职员"过河拆桥"，"转正渠道不过是徒有虚名"，它们剥夺了年轻劳动者成长的机会。通常来讲，倘若无法进入企业中摸爬滚打，就很难真正学到企业所需要的职业技能。

一方面，企业总是强调"只有尝试着一起工作，才能看出这个人的真正实力”；但另一方面，大多数企业采用间接雇佣，由人才公司来选拔人才或将人才选拔外包给其他公司，这样一来，企业就越发缺失挖掘人才的能力了。

非正式职员倘若一直在同一家企业奋斗，那么其转正还是有希望的。一旦换了企业或事业出现了空当期，就算重新接受职业培训，也很难找到一份稳定的工作。对于非正式职员的晋升，我们是不是需要尝试建立新的雇佣制度？这样，他们才有机会一边工作一边接受职业训练。

当下，企业已经没有余力来培养人才了，那么国家行政部门就应当辅助企业，并逐渐完善雇佣体制。

4

“遵纪守法”下诞生的非正式雇佣

法律规定雇佣方有义务履行“三年之约”，但是，由于等待派遣工作的人源源不断，大家纷纷开始担心，三年后雇佣方会变相裁员。法律究竟在维护谁的利益？

非正式雇佣的单亲妈妈——四十岁的由夏

40岁的由夏是一位单亲妈妈，她最近意识到派遣的工作已走到了尽头。“正因为随时都有可能被解雇，才觉得当下的努力很痛苦。”

由夏在其孩子还小的时候就同丈夫离了婚。她结婚后成了一名家庭主妇，职场生涯出现了空当期。再就业时，她打算以派遣职员的身份入职，重新开始自己的人生。

当时，她被派遣到东京一家批发公司，负责商品订单的数据录入。根据合同，她的岗位是计算机指导专员，工作内容属于法律规定的专职派遣第26号专业工种。她的劳动合同每两个月更新一次，这份工作的时薪为1300日元，平均月收入为22万至23万日元，交通费自行承担；如果休假多的话，每月实际到手的收入会更少。

她所在的公司，正式职员的离职率非常高。雇佣派遣职员可以有效地填补公司人手的空缺。一旦业务缩水，公司还可以立刻终止派遣合同，减少人力成本。

她说：“我不知道何时会被解雇。我只能努力做到让公司觉得‘没有我不行’。”

一年后，随着业务量的增加，她开始负责应对顾客的商品咨询，还承担与合作公司及公司内部销售部门的联络等工作。由夏的工作甚至没有午休时间，她极力与公司领导交涉，时薪终于上涨了70日元。然而，公司领导突然转变态度，提醒她："小小派遣员就不要多管闲事了。"由夏在每次合同更新的时候都会忐忑不安。幸运的是，过了两年，她还负责新入公司的职员和派遣职员的培训事宜，她真的成为公司里"必不可少"的一员了。

随后，由夏的时薪也涨到了1475日元。即便如此，她的收入与正式职员相比仍然相差较大。由夏又向领导提出申请，希望能成为每年一签的契约职员，领导的回复却总是很敷衍。

由夏想："这种工作方式实在让人没有干劲。"

她想找一份具有正式职员身份的稳定的工作，哪怕公司再小她也不在乎。就这样，过了三年半，她辞去了批发公司的派遣工作，开始了正式职位的求职之路。

2004年，日本修改了《劳动者派遣法》，规定了雇佣方有义务履行"三年之约"。厚生劳动省规定，除了软件开发、计算机指导、分析调查等法律规定的第26号专业工种以外，劳动者的派遣期须限制在三年之内。三年过后，倘若雇佣方仍然雇佣该派遣劳动者，雇佣方须将其转为正式职员或合同职员，并与其签订直接雇佣合同。

但实际上呢？许多企业以“遵守法律”为名，非但没有与派遣职员签订直接雇佣合同，还在三年期满后立刻终止了与派遣职员的劳动合同。《劳动标准法》规定，“合同的终止需要提前30天告知被雇佣方”，这导致各家公司在距离合同期满还有一个月的时候终止派遣合同。

随后，日本又于2015年9月通过了新的《劳动者派遣法》，规定从事第26号专业工种的劳动者的派遣期也有三年的上限。如此一来，大家就更担心三年后雇佣方会变相裁员。但是，由于等待派遣工作的人源源不断，人员的替换其实对于雇佣方来说并没有很大的影响。

由夏在新闻中看到了《劳动者派遣法》所做的修改，不禁感到愤慨。

她说：“我的工作属于法律规定的第26号专业工种，这样一来，到了期限，我就会被解雇。法律究竟在维护谁的利益呢？”

厚生劳动省发布的《劳动者派遣事业报告书的统计结果》显示，2016年度，在同一家公司工作一年以上的派遣劳动者约有102万人，其中符合“三年之约”的职员有3.59万人，而三年过后转为直接雇佣的只有1824人。从数字可知，直接雇佣的机会屈指可数。倘若没有得到直接雇佣的机会，那么派遣公司会给他们介绍新的指派单位，在这其中，派遣合同长达“两个月以上三个月以下”的占比为26.8%，派遣期“一天以下”的次之，占比为25.4%，也就是说当下的雇佣形态极其不稳定。而且，他们的平均薪水大概每人每天（8小时）1.26万日元，再算上交通费的开销，这些收入仍然不尽如人意。

百害而无一利的“三年之约”

现在看来，可以说，雇佣环境发生变化的巨大转折点出现在2004年。从这一年起，非正式雇佣的体制越发脆弱。

这一切都源于上述的“三年之约”。原本法律修改的初衷是通过明确在同一家公司持续工作的派遣职员转正的条件来保障他们的合法权益。然而，对企业而言，削减人力成本才是关键。无论如何，企业都不希望大量派遣职员转正。因此，企业在“遵守法律”的名义下，拒绝给予转正机会，并纷纷解雇了派遣职员。最具行业代表性的就是味之素公司和佳能公司。这两家公司的派遣职员们，以个人名义加入了劳动工会，并通过工会开始了与公司的诉讼之路。

除此之外，“三年之约”不仅仅体现在《劳动者派遣法》中，新修改的《劳动标准法》也增加了相关内容。因此，非正式雇佣的时间上限变成了三年，这从另一个角度来说意味着许多人“三年过后就要卷铺盖走人”了。无论是派遣职员还是非正式职员，他们中的很多人都要在短时间内频繁地辗转于各家公司，好不容易适应了原先的工作，迫于无奈又要重新融入一个新的环境。

这样的情况会留下诸多隐忧，因为派遣职员和非正式职员很难在职场积累和学习职业技能。如此一来，正式职员和非正式职员的差异就会越来越大，一旦成为非正式职员就很难再翻身，社会上的这种担心和焦虑逐渐显现。

企业之所以倾向于招聘派遣职员，是因为当下的环境使得“解聘正式职员并非易事”，而三年便可“解聘”的派遣职员仿佛是廉价的“试用商品”，成本极低，企业则可坐收渔翁之利。

笔者在采访过程中遇到了一位在食品公司工作的派遣职员，他已经在该公司干了10年，负责原材料的进口业务。他每年的工作是确认市场的具体情况，并决定合作的进口方，可以说是非常重要的职位。即便如此，法律规定的“三年之约”一公布，公司立刻解聘了他。据他说，食品公司是如此答复他的：“如果公司方面将他一人转正，就需要将所有的派遣职员转正。这恐怕是公司做不到的。”

2004年就早已成定数

那么，为什么这种愚蠢的条文会被通过呢？

其实，2004年就已经注定了中年自由职业者危机的到来。这一年，国家通过了上述恶名昭著的“三年之约”，制造行业的派遣也开始逐步开放（为期一年的派遣时间），专业工种的派遣期成为“无限期”。可以说，自2004年起，派遣职员完全沦为“正式职员的替代品”。

企业可以根据生产的需要来调整派遣职员的人数（增加或减少）。换句话说，派遣职员是企业雇佣的调节器。这种人员的调整是不可能通过调整正式职员或者非正规的承揽人来实行的。对于当时处在水深火热的制造行业来说，开放派遣的政策可谓是及时雨。

在这同一时期，社会上还出现了一些私自派遣的现象。所谓私自派遣，是指集团企业在内部建立派遣公司，并将聘用的派遣职员外派到集团下属企业的一种模式。从2012年10月起，法律规定集团内部的派遣需控制在80%以内。根据《劳动者派遣法》第48条第2款的规定，法律不鼓励针对特定公司的劳务派遣。即便如此，我们还是会在各行各业的招聘广告中看到以集团名义发布的宣传口号，如“提供在某某集团工作的机会”等。

多年前，一位管理地方电视台的朋友曾告诉过我这样的内幕。

“主持人这一行业可以说吃的就是20多岁的青春饭，电视台不断有年轻的血液输入才能提高收视率。所以，电视台通常会通过分公司创建派遣公司，然后以派遣公司的名义聘用年轻的主持人，过了一定年限之后，就会劝他们辞职。”

他向我诉说时一副习以为常的样子，竟然没有丝毫愧疚感，这让我不禁愕然。

也许是为了提高消费税，近年来的经济形势从数字来看还算乐观。根据总务省发布的数据，2017年日本完全失业率[1]为2.8%，相比于2010年5.1%的失业率，变化非常大，给人恍如隔世之感。截至2018年8月，数值（速报数值）显示，失业率呈下降趋势，仅有2.4%。但是，当下的社会结构中，非正式雇佣比例的增加仍然是不可逆的。2017年达到历史新高，非正式雇佣人数达到2036万人。

正式职员的数量虽然也有所增加，但是仍旧无法让人安心。安倍政权一直在推进“工作方式改革”，其核心的政策

[1] 完全失业率是指完全失业人口占总劳动人口的比率。在日本，所谓完全失业人口，是指年龄在15岁以上、有工作意愿并且在调查期间没有从事任何工作、一直进行求职活动的人。——译者注

便是“创立高度专业（高专）制度”，2018年7月还公布了相关法律来保证该政策的实施。

根据高专制度，高收入的专业人才不享有法律关于超时工作规定的权益。这一政策针对的是年薪高于1075万日元的人群，他们大多是高级销售顾问、证券经纪人。曾经也有人称该政策为“白领的义务加班”“无偿加班法案”等，可以说，该政策受到了许多人的批判。同时，作为“工作方式改革”中的另一项，法律规定的超时工作的上限大幅得到了放宽。如今，按照规定，加班时间需要控制在每月45小时、每年360小时以内。临时突发情况，可以放宽至每年720小时、单月100小时之内（包括节假日的加班），连续多月[1]工作的话，平均每月加班时间不超过80小时（包含节假日的加班）。根据以往的数据，由于过劳死的时间红线是每月加班80小时，因此这次改革在社会上引发了不小的争论。

许多人甚至提出要撤销超时工作制度，比如《东京新闻》（2018年6月21日）刊登了制度改革派竹中平藏的访谈文章。竹中谈到，技术密集型产业越来越重要，但我们“不

[1] 法律规定是连续2个月至6个月，平均每月加班时间不得高于80小时。——译者注

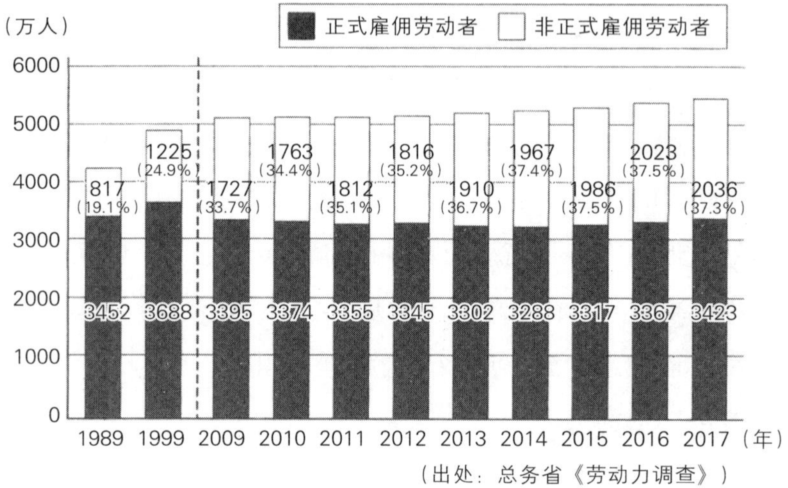

正式雇佣劳动者与非正式雇佣劳动者的变化

能一概而论，给生产效率低下的人同样的加班补助金”。

竹中的言论一出，立刻遭到了劳动界的强烈反对，但执政党力排众议，仍然强行推进了撤销超时工作制度法案的表决。这是为什么呢？经济界人士认为，“仅仅依靠支付薪酬已经无法预见经济增长”，在高专制度背后，这是否是经济界的真心话呢？与此同时，包含赌场在内的综合型游乐设施被合法化，从中我们可以窥见端倪。而针对赌博合法化法案，立教大学特任教授金子胜一针见血地指出了安倍政权所推行政策的漏洞，“安倍经济学的现状就是让大家拼命努力工作，并依靠赌博行业来吸引游客”（《东京新闻》，2018年6月15日）。

如今，就算是正式职员，其工作的稳定性也越来越差。倘若安倍经济学果真能够带来经济的振兴，也无须这些雇佣政策。从这些舆论之中，我们也可以觉察到政界和财经界的博弈。

某经济团体联合会的干部明确指出，“泡沫经济期雇佣的大量职员中，有一些人患了抑郁症，公司方面想要解聘他们，但从法律上来讲很难实行”，“随着国家众多工厂转移到国外生产，国内产业逐渐衰退，这个时候，我们更加需要调整雇佣关系”。对解聘的管制逐渐宽松，这可以说是经济界梦寐以求的吧。

另一方面，日本中小企业的占比达90%以上，很多人也在呼吁提高中小企业正式职员的待遇，但现实往往不尽如人意。

东京产业劳动局发布的《有关中小企业的薪酬调查》（2017年）指出，只有43.8%的公司有详细的工资单。事实上，工资单同劳动工会密切相关。有劳动工会的公司中，有工资单的占67.6%，而没有劳动工会的公司中，有工资单的只占41%。而且，有劳动工会的公司实施定期提薪的概率较高。加入劳动工会的人员比率逐年下降，但其重要性丝毫没有减少。

稳定的经济与稳定的雇佣应当是相辅相成的。为了实现稳定的雇佣，经济体制的改革也是极为重要的。

5

农业中的黑心职场

由于农场的供货一年365天从不间断，因此每个周日他也要轮班，每月的休假算下来只有三天。他开始怀疑自己究竟是为了什么这么努力工作。

没得吃、没得休息、没有希望——四十二岁的祐树

小玉祐树，今年42岁，来自首都圈[1]，一念之下转行到了农业，他虽有行动的魄力，前途却困难重重。

他在刚过30岁的那一年，找机会参加了一次农业实习，随后积累了一些农业方面的经验。他也曾到过一个周边只有田地的小镇，体验了农业生产。他在35岁左右进入农业技术学校学习。农业技术学校在全国总共有47所，一年的学费需十几万日元，加上其他的费用大约30万日元，负担相对较轻。于是，祐树决定参加学习，他住在学校的宿舍，开始了为期一年的课程学习。

毕业后，他通过人才市场在首都圈找到了一份工作。最初，他在一个农场负责给意大利餐厅提供蔬菜，月薪20万日元，虽然农场说他是正式职员，但并未为他加入社会保

[1]“首都圈”通常指东京都、神奈川县、千叶县、埼玉县。（“县”相当于我国行政区域“省”）——译者注

险。他每天从早晨6点工作到晚上9点，接近15个小时，也没有加班费。由于农场的供货一年365天从不间断，因此每个周日他也要轮班，每月的休假算下来只有三天，即便是新年也只在元旦[1]那一天休息。

这样一来，他完全没有空闲的时间，更别说闲暇时种植自己喜欢的农作物了，他开始怀疑自己究竟是为了什么这么努力工作。从此，他陷入了深深的焦虑，一年后，他下定决心更换工作。

祐树深思熟虑后，决定成为一名职业农场经营人，于是重新开始了自己的求职之路，他想："若是以后自己要经营农场，考虑到物流的便捷度，还是不离开首都圈比较好。"农业行业一直以来人手不足，但另一方面，首都圈招聘正式职员的数量并不多。

他在神奈川县找到了一份工作，从临时工做起。祐树算是老手，有一定的工作经验，因此薪水比新手要高，达到每小时800日元（新手每小时650日元）。农场采用的是家族经营模式，社长独断专行，一个人说了算，奖金的发放也只是看社长的心情。祐树在这里干了几个月就辞职了。

---

[1] 日本的"正月""元旦"指的是阳历的1月1日，明治维新之后，就取消了传统的农业历法，随之正月就改为阳历。——译者注

之后，他多次前往人才市场关注相关招聘信息。他发现招聘方总是那几家企业或农场，而他之前工作过的地方也在招人，他意识到："总在招人的企业，老板多多少少是有问题的。"

最后，他去了茨城县的一家农业法人[1]公司工作。这家公司除了社长、社长妻子和社长的亲戚3人外，还有6名员工，其中有3名员工是实习生，均为外国人。

这家公司冬天主要种植卷心菜、白菜等露天蔬菜。祐树虽然是全职员工，但也没有社会保险，时薪1000日元，每月到手收入18万至20万日元，下雨天可以休息，但没有薪水。

他每天从早上7点半一直干到傍晚天色渐暗时分，一天要负责1000至2000单生意。他曾在大型农场工作过，负责过卷心菜、生菜的采摘和出货。即便如此，当下的工作强度仍让他感觉到异常辛苦，他说："那时候，我们一起工作的人更多，一天也不过250来个订单。"

繁忙的时候公司也会雇人，但由于工作强度太大，一天下来就有人辞职。祐树有时也累得抬不起胳膊、腰酸背痛，但他仍坚持着。他说："跟以前的公司相比，工作间隙能休息一两个小时，周日也有假，已经算不错了。"

[1] 农业法人是日本独特的农业经营形式。——译者注

其实，祐树对于务农、对于工作的辛劳，早已有了心理准备，但在工资待遇方面，他有苦说不出。这并不是因为祐树对酬劳不满。他刚入公司时，公司许诺过他，承担他房租的50%（2.3万日元）以作为住房补贴，但从某个月开始，住房补贴就只有2万日元了，可公司对此只字未提。他询问了社长，社长也只是轻描淡写地回了一句："对，从这个月开始只有2万日元了。"

祐树甚是失望，在这里工作了这么久，没想到公司竟出尔反尔。于是，他开始了下一段求职。

不受《劳动标准法》管辖的世界——四十三岁的康弘

无独有偶，想在栃木县打造独立农场的平林康弘也感到"光靠农业根本无法糊口"。

康弘早年经历了就业冰河期，求职无门，被迫开始了自由职业。随后，他同祐树一样，放弃了求职，决定靠农业安身立命。

经过农业研修后，他学会了一系列农作物种植方法，也自然而然地习惯了农家的生活和农村的人情交往。他想，就算能找到一份工作，"由于多数农业法人不会加入社会保险，加之农业法人大多是家族生意，所以几乎不会受到《劳动标准法》的保护”。

于是，在了解了务农的种种困难之后，他决定扎根农村，并尝试着独立经营农业生产。康弘跑遍了关西和东北地区，期望寻找一个“最终的落脚之处”。他最终选择了枥木县，并倾尽积蓄以600万日元的价格购入了一栋二手房。此时，他尚无工作，因此无法按揭贷款，只能靠手头仅有的现钱购买了这栋房子。

康弘知道，“跟当地人搞好关系，逐渐获得他们的信赖，就可以从老年人那里借到耕地”。

就这样，他决定先在附近的度假酒店打工以维持日常生活，一天工作8小时，每月工资15万至16万日元，旺季时每月有23万日元。他说：“最初光依靠农业是无法维持生活的，不做些农业之外的工作恐怕难以立足。”

刚进入农业行业，土地租金和机械类等成本的控制至关重要，这些成本越低越有利于发展。也有农场招聘工人，但这些农场每个月开出的工资只有16万日元左右，能提供正式职位的更是少之又少。

农业发达的其他地区亦是如此。笔者曾经询问过一些市议会议员，他们所在市町县的农业产出额在全国范围内占比相对较高，其中一位说：“一些派遣公司也因为赚不到中间差价而逐渐退出了市场，靠农业谋生的确不易。”国家和地方政府也在试图解决这样的问题，但由于每个年度的预算有限，政府也很难提供支援。

根据农林水产部的统计，2018年农业就业人数为175.3万人（估算数值）。与2010年的260.6万人相比，同比减少了85万人。2017年新进入农业行业的人数只有5.57万人，连续两年未达到6万人。当然，增加的人数无法填补退出人数的空缺。

让我们做一个假设，如果有人想要从制造业或服务业转到农业，而他并不了解农业生产，那么他就需要学习相关知识，但事实上，有经验的农家没有时间来教授新人相关的理论和实践知识。农忙的时候，农民们凌晨两三点钟就要起床收割作物，劳动的辛苦自不必说，还要应对可能遇到的暴雨和台风，灾难对农业的打击是不可想象的。这样一来，许多人被迫退出了农业生产这一领域。

从事农业光有意愿远远不够，农户间的纠纷和从事农业的种种困难，使得务农绝非易事。

6

“非正式公务员”的忧愁

“为什么我做着和正式职员一样的工作，工资却如此之低，直到60岁还依然是非正式职员？”

虽然我在家乡工作——三十七岁的健一

吉田健一，37岁，是关西地区公立医院的一名临时护工。他可以在这家医院一直工作到60岁。即便如此，他对于自己工作多年还是非正式职员一事仍无法释怀。

健一在景色优美的农村长大，农学高中毕业后去了大城市，在普通企业工作。他的老家向来就有“长子不远游”的传统，于是他25岁便辞职回到了故乡。老家周边除了农场之外，能工作的单位只有市政府、医院和福利院。民营企业招聘较少，且大多都是销售岗位。其实，在老家工作也并不轻松，比如他的朋友，名义上虽然是正式职员，但工资不高，还要经常加班，每周工作六天已然是家常便饭。

健一在地方政府发行的宣传刊物上看到了公立医院招聘临时护工的信息。他上中学的时候，身边的亲朋好友都说他适合做看护，叛逆的他却选择了和自己志愿大相径庭的农学高中。但当他再次求职的时候，还是决定进入看护行业，于是他一边在公立医院兼职一边考取了护工资格证。

健一被分配到了医院的康复部门。他和护士们一起负责给病人更换尿布，辅助病人就餐和洗澡，管理病床的卫生。由于医生数量较少，护士同时也要负责打针和拔针。

医院的康复部门，原本是负责照料病情已稳定的、逐渐康复的患者的地方。但由于条件有限，许多胃造瘘的患者也被安排在康复部门，他们需要借助插进胃里的一根输液管来获取营养物质。这些患者的病情不太稳定，住院部虽有50个床位，但也只能接收40个患者，保证40个床位的运转，虽然患者有所减少，但人手不足的问题依然严峻。

医院的白班通常配有四名护士和一名护工。患者入院后则由一名工作人员负责。在康复中心，他会遇到各种各样的病人。有的患者患了脑梗死，经其他医院治疗情况稳定后由医用直升机运送过来（日本配有用于急救医疗的直升机）。有的患者转院过来，复健刚刚开始病情便恶化，医生们只能把他送回原先的医院。这里总会出现各种紧急的情况。有的患者自称胸闷，没想到在看护人员夜班打盹的时候就悄然逝去。有时听到防摔倒引擎的报警声，赶过去之后患者已经从床上跌落。在这里，一刻都不能放松警惕。

对于没有办法自主行动的患者，他知道需要小心呵护，并鼓励他们自理，但另一方面时间紧迫，他又想着尽快结束工作。健一知道护工们自己动手效率会更高，但他说“这其实是在偷懒”。工作时候的他总能体会到这种左右为难。

除本职工作外，他还要参加许多会议。与护工的工作相比，会议更重视的是工作的安排，“护工们该怎么轮班？”“几点钟之前需要做好什么事？”等等。虽说医院会根据情况调整人手排班，但人手不足时也要勉强完成，比如有时帮助患者翻身，原本需要两个人，人手不足时，就只能一个人完成。体力工作常常导致腰肌劳损，不损伤腰部的姿势又对膝盖造成不小负担，长此以往连颈椎也会出现问题。

他想：“我还能做几年护工呢？”

体力不支的困扰随之袭来，他深深地希望能够改善人手不足的情况。

护工的辛苦

与民营企业相比，护工的劳动待遇还算不错，但仍然不尽如人意。

他刚入职的时候，基本工资大概是每月14万至15万日元，每年加薪3000日元，奖金和退休金也有保证。之后，工资制度有所改变，临时工、非编制职员的基本工资涨到17万日元，不过随之取消了加薪晋升，奖金和退休金也没有了。基本工资增加，不过是在招聘时表面看上去待遇不错而已，实际上总的年收入并没有改变，而且工作多年待遇也不会有所改善。

健一在这里已经工作十年了，基本工资还只有17万日元。他说，“只能靠值夜班来提高收入，趁自己身体还不错的时候多接夜班”，也尽量让医院多安排一些夜班的工作。医院的夜班是两班制，从下午4点半到第二天早上9点。算上夜班的费用和加班费，每月收入23万日元，实际到手大概17万日元。

除了丧假和产假，临时工、非编制职员仍与正式职员的待遇相差不少。比如开车通勤的交通费补贴，按照从家里出发计算距离，4至6公里的，正式职员可报销5900日元，临时工和非编制职员则只能报销4000日元；20公里以上的，分别是2.17万日元和1.2万日元。而且正式职员可以加入保险，非正式职员则无法加入。

即便是正式职员身份的护工和护士，也有不少辞职的。这正说明了这份工作的异常辛苦。健一本想着护工容易跳槽，但当他取得了护士资格证，并与在医院工作的女护士结婚、生子后，他的想法逐渐改变了。

“这份工作需要一心一意，我觉得工作本身很有意义，只要身体受得了，我仍然想继续工作下去。”

医院方面口头承诺了“契约始终有效”，也就是说只要员工没有异议，他们至少可以在这里工作到60岁。事实上，确实有许多非正式职员，如护工和营养师，60岁过后仍然在医院工作。

想要成为正式职员，就需要参加一般求职考试，也就是需要和学生们一起参加一般文化素质考试，但对非正式职员而言，他们既要值夜班，又要照顾孩子，备考学习恐怕是难上加难。以前，医院规定参加考试的年龄限制在30岁以下，如今年龄要求已调整为45岁以下。

然而，医院的计划招聘人数往往屈指可数，一般也就三四人。应聘者们就好比千军万马过独木桥；更何况就算考试通过，成为正式职员，工龄要清零，工资还要从第一年重新算起。护工人手不足，却未得到重视，我们不由得感到其中的不合情理。

没有尽头的非正式雇佣

“为什么我做着和正式职员一样的工作，工资却如此之低，直到60岁还依然是非正式职员？”

他们的质疑声推进了法律的修改。

根据2013年4月1日实施的《劳动契约法修正案》，无论是兼职人员、打零工者、派遣职员还是契约职员，只要签订了满一年或六个月的有效劳动合同，并且多次续签后，实际劳动时长超过五年的（只要雇员没有异议），就可以签订无固定期限劳动合同。

这一修正案的公布产生了两个结果：第一，已经达到三年或五年上限的有固定期限的雇员将不会突然失业；第二，这些雇员可能无法转正，会一直作为非正式职员工作。2018年4月，随着法律的施行，社会上出现了大量“无限期雇佣”的非正式职员。

健一就是“无限期雇佣”的非正式职员之一。对其有利的是，雇佣合同可以继续更新；不利的是，他的待遇和正式职员相差太大，工作没有得到相应的回报。

健一的妻子是一名正式职员，是医院的护士，同时也是家里的顶梁柱，但她比健一还要忙碌。对护工来说，夜班结束后，就能够按时回家，而对护士而言，夜班结束后，往往还要负责护理日志等材料的记录，经常要熬到正午才能休息。妻子每月要值两到三次夜班，这对夫妻两人来说并不轻松。他们的孩子一个七岁、一个两岁，他们只得和父母住在一起，让父母帮忙照顾孩子，这样才得以勉强坚持轮流站好夜班的岗。

妻子由于工作繁忙、压力大，常把辞职挂在嘴上，她说为了生活才忍耐当下的工作，但随时都有可能忍受不了而辞职。今后是做一名中年自由职业者，还是干脆离开职场呢？

当下的生活使得妻子在人生的岔路口上徘徊。

护士可以说是许多女性会选择的职业，而当下，不光是护士，还有相对稳定的公立医院的其他正式职员，都面临人手不足而导致的超长时间的劳动，他们中的一些人甚至被迫离开职场。更何况，许多人还要照看年幼的孩子，工作和生活难以达到平衡。许多女性要照料孩子，因此夜班成为阻碍她们继续留在职场的绊脚石。

不仅仅是护士，四分之一的女性表示在职场遭遇过生育期职权骚扰，有人因为怀孕而遭到解雇或受到冷遇。我们的社会仍然有许多女性中年自由职业者，但由于她们步入了婚姻，这些问题往往不被关注。而面对这些问题，个体的努力常常是无力的，长年累月遭受的社会的冷眼才是我们质疑的关键。我们绝不能忽视女性的工作问题，她们为何有意愿工作而无法进入职场？她们又是怎样在职场遭遇生育期职权骚扰而被迫离开的？

下一章，我将关注那些导致女性被剥夺工作权利的社会问题。

第二章

阻碍女性发展的社会

1

职场的生育难

她感觉光照顾孩子就已经精疲力竭了，根本没有精力再干好家务活。她愁容满面地说道："没人帮我，将来再养第二个可怎么办呀？"

二胎是一种奢侈——四十一岁的正志

“妻子说想要二胎，但现在的收入养活一个孩子都不容易。”

住在东海地区的佐藤正志，今年41岁，三年前放弃了生育第二个孩子的想法。

正志大学毕业之时正赶上就业冰河期，一直做着非正式雇佣的工作，转眼间就加入了中年自由职业者的大军。如今，他以业务承包的形式，在一家食品销售公司做销售。每个月，不算提成的话基本工资只有10万日元。当地的经济形势算不上景气，好的时候月薪也只有15万日元，还需要扣除医疗保险和养老金。正志只得靠周末的时间在搬家公司做兼职。

妻子比他小五岁，是一名派遣职员，被外派到某家公司做文书工作。妻子怀孕后，立马被公司解雇了。从此之后，她每次找工作、参加面试，就会被招聘方以她要照料孩子为由而婉拒，以致到现在仍未找到工作。为了节约开支，正志每天都会带便当、水壶去公司，他说：“瓶装的茶饮料太浪费钱了，我才不会买。”他们的生活着实不易。

在我们的社会上，究竟有多少人苦于填不饱肚子呢？国立社会保障及人口问题研究所发布的《关于生活和支援的调查》（2017年）指出了在过去一年之中各个家庭的食品支出情况。“你的家庭是否因为经济困难而无法购买生活所需的食品呢？”针对这一问题，我们来看各个家庭的回答。

在老人、孩子共同居住的家庭，即“三世同堂”（三代人同居）的家庭中，有84.4%的家庭回答“完全没有”，回答“经常会有”（2.1%）、“有时会有”（4.3%）以及“较少会有”（8.3%）的家庭占比为14.7%，也就是说仍然有一些家庭无法负担生活必需的食品开销。正志的家庭也是其中之一，他早已习惯忍受因为钱包空空荡荡而无法去买菜的艰难。

正志为了能多赚些钱，接了许多工作，每周能休息一天都已是奢望。放假的那天，他会尽情地陪孩子玩。他看着孩子从最初只能搀扶着走，到东倒西歪地迈步，再到真正学会走路，不禁感叹：“这个年纪的孩子真是可爱，长得真快！”他有时会带孩子去附近的公园逛逛，看着孩子同小伙伴们一起愉快地玩耍，他觉得内心轻松了些。

孩子慢慢长大后，妻子就不断地说服正志：“正好趁着现在我没有工作，我们再要一个孩子吧。等孩子长大一些，我就可以出去工作，就多一份收入。对孩子来说，我一对一的陪伴固然重要，要是有个弟弟妹妹不是更好吗？”但是，正志想：“现在的饭碗随时都可能保不住，年纪再大，就没办法靠出卖体力赚钱了。”对他而言，未来的路并不乐观。

丈夫和父母也指望不上的无力感——三十八岁的智美

大久保智美今年38岁，是北关东一家敬老院的护工。她说：“照顾孩子和家务都是我一个人在负责，我已经受够了。”她觉得自己每天都处在崩溃的边缘。

丈夫与她同岁，是一名系统工程师，工作上加班已是家常便饭，他对家里的事一概不管，“孩子生下来，你可以出去工作，但我没办法帮你”。智美每月收入较少，只有15万日元，她只能以丈夫的工作为先。丈夫月薪28万日元，经常连续几天加班到深夜才回家，有时周末也要加班，家务和照顾孩子方面，他一点儿也使不上劲，这样的生活已经是他默认的状态了。

智美说，孩子一岁半左右的时候，每天的日子如同地狱，她稍微不留意，孩子就会在墙上乱涂乱画，有时还打翻茶壶，调皮捣蛋一刻都不停。带孩子出门的时候，一个不留神孩子就冲到马路上去，吓得她丝毫不敢松懈。她感觉光照顾孩子就已经精疲力竭了，根本没有精力再干好家务活。打扫的时候，孩子就哭着喊妈妈，家里乱得像被龙卷风吹过一样，她愁容满面地说道："没人帮我，将来再养第二个可怎么办呀？"

由于养老院人手不足，智美在产后的第三个月就被召回了职场。领导明知她生完孩子才几个月，还施加压力，让她尽快恢复夜班，甚至说："不能值夜班的话，你就降为合同工吧。"她也同样在职场上遭遇了生育期职权骚扰。

她父母一直坚持"养儿至三岁"（孩子三岁之前应当由亲生母亲抚养，否则会对孩子的成长有不好的影响）的做法，因此极力反对智美回归职场。智美束手无策，就连最亲近的父母都不理解她。想当初刚结婚的时候，她幻想着自己能养育三个孩子，现在想来，连二胎她都不想再要了。

正值抚养孩子阶段的30多岁的男性之中，每周工作60个小时以上的人接近两成（根据总务省统计局公布的《劳动力调查》）。丈夫在单位拼命工作，回家后疲惫不堪，照顾孩子和家务劳动则全部由妻子一人承担，这种持续的不合理分工将导致二胎更加遥不可及。

公益财团法人one more baby后援团（理事长为森まさこ女士）在2018年5月发布了《2018年夫妻生育意愿调查》，

关于理想子女数的调查显示，回答“两个以上”的已婚夫妻的占比为69.9%，自该调查实施以来（自2013年起），首次跌破70%。2016年曾达到历史最高，为81.1%，在那之后生育意愿急剧下降。而且，回答切实感受到“二胎之难”的夫妇甚至达到了74.3%。

日本的困境：“一胎过后生育难”

女性随着年龄的增长，会面临卵巢退化等难以怀孕的情况，也就是说晚婚晚育可能是导致“一胎过后生育难”问题的主要原因。但是，我们应当注意到，更加严峻的是，雇佣不稳定等经济因素而导致的“一胎过后生育难”。

上述《2018年夫妻生育意愿调查》公布的结果显示，“二胎之难”的首要原因是“经济因素”，回答“经济因素”的占所有受访母亲的84%，位列第一。而在针对全职工作的母亲的调查中，有57.8%的母亲回答“工作因素”，这是由于生育两个孩子之后再回归职场会面临诸多的不利因素。其他理由中占比较多的还有“照料第一个孩子已经精疲力竭了”（49.1%）、“（看孩子的压力所导致的）心理因素”（45.0%）、“年龄因素”（43.2%）等。

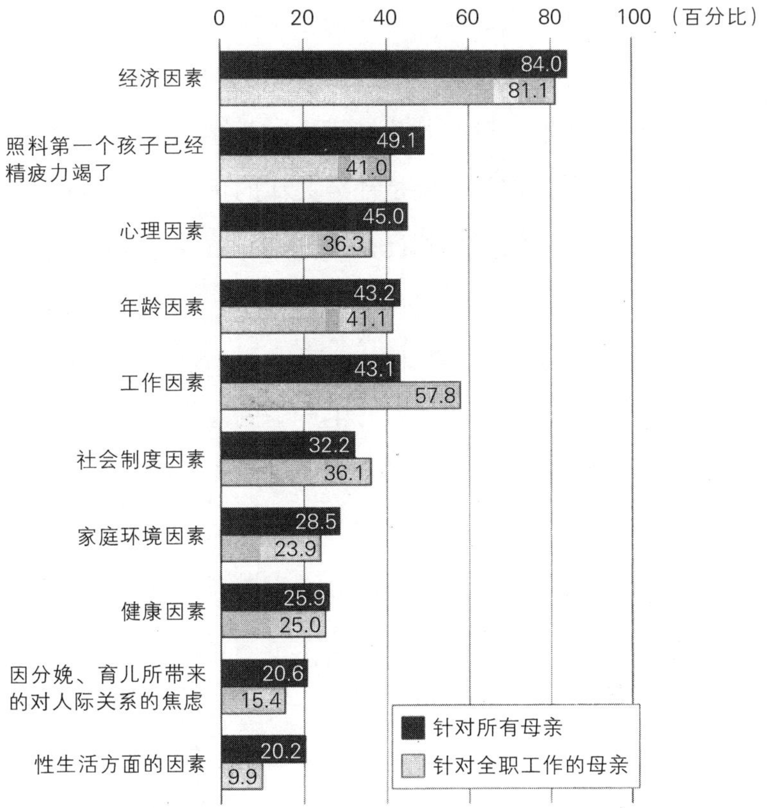

（出处：one more baby 后援团《2018年夫妻生育意愿调查》）

“二胎之难”的原因

排名第六的原因是“社会制度因素”（32.2%），这是因为托儿、教育的现状并不乐观。可以说，怀孕、生育、育儿期男女双方的雇佣问题、托儿所问题已经成为“二胎之难”的现实因素，我们不可忽视。

从国家角度而言，如果想让夫妻生育理想子女数，就需要保证夫妻双方收入稳定并减少长时间劳动，保证托儿所稳定运营。但事实上，目前的政策还远远不够。

女性的“生育难”一直是社会关注的焦点，我们习惯于把这一问题同人口的减少相提并论，这导致许多人把矛头指向“不能生育”的女性。

但问题是越来越多的女性“想生而不能生”，换句话说，问题在于难以让女性“安心生产”的社会现实。有一种说法叫作“机会损失”，意思是无论女性能否选择生育，因为社会性因素的阻碍而导致女性无法实现某种期望，虽然这种表达有不妥之处，即便如此，对于想提高出生率的日本而言，当下的情况的确让人感到焦虑。

“一胎过后生育难”问题，同“不孕不育”相比，一直以来都没有得到相应的重视，也没有让人感到紧迫。但对于人口数量不断减少的日本来说，这种打击犹如温水煮青蛙，形势会越来越严峻。政府和相关行政部门应当尽快意识到问题的严重性，并出台相应的解决措施。

当下特别需要创造的就是让女性安心工作的劳动环境。的确，女性与男性在许多问题上面临着同样的困境，比如许多人即使到中年仍然没有走出非正式雇佣，转正的机会也寥寥无几。另外，相比于男性，女性还要在怀孕、生育期面临被迫离职的风险，育儿期过后再回归职场，也会遇到种种压力和阻力。然而，这些问题往往隐藏在统计数字之下，没有得到社会的关注和理解。

许多女性生了孩子后就被迫离职。总务省统计局的《就业结构基本调查》显示，在过去的五年间，“由于生产、育儿原因”被迫离开原工作单位的女性，2017年达到102.48万人，其中调查之时仍处于下岗状态的有71万人。并且，这些女性即便重新开始求职，也只能得到非正式雇佣的职位。根据《兼职劳动者综合实际状况调查的概况》（2016年），在回答“工作的理由是什么”这一问题时，17.5%的女性表示工作是“为了维持生活开支，自己的收入是家庭开销的主要经济来源”。在这些女性中，36.4%的人回答“工作是维持生计不可或缺的收入来源”。对于许多已婚女性以及有孩子的女性来说，她们也应该算作自由职业者大军中的一员。

35岁至54岁的女性非正式职员，属于被扶养对象，因此并未被纳入“待就业”的范畴。据《就业结构基本调查》显示，这一人数在2017年达到了414.32万人。这也就是女性中年自由职业者这一群体的总数。

无论是已婚女性还是单身女性，我们的社会为什么会出现这样的问题？下面，我将通过采访来审视女性所面临的重重困难。

2

被封闭的正式职员之路

就业始终没有着落的她越发焦虑，只能在派遣公司注册登记。她想：“这总比没有工作要好吧。”数不胜数的年轻人和她一样，毕业后以非正式职员身份步入了社会。

跳槽的最大阻碍——三十九岁的博美

体会到就业冰河期艰难的绝不只有男性，相反，女性所面临的就业现实更为残酷。

水野博美，今年39岁，2002年毕业于东京某知名私立大学，那一年她体验到了就业冰河期的残酷。

开始着手找工作的她，给将近100家企业投了简历，只要有面试机会，她都会参加，但直到毕业，她都没有收到任何录用通知。就业始终没有着落的她越发焦虑，只能在派遣公司注册登记，等待派遣，她想："这总比没有工作要好吧。"随后，她学习了职场礼仪，并参加了计算机技能的研修，得到了一份文职工作。在就业冰河期，有数不胜数的年轻人和她一样，毕业后以非正式职员身份步入了社会。

她签订的派遣合同每三个月一更新，刚进入社会的她，许多方面难以适应，短期的契约随时都有可能中止，她每天都感到十分焦虑。在单位，她拼命地适应工作的节奏。在同一家单位工作三年后，她建立了良好的人际关系，工作上也能独当一面了。上司夸奖她说："你要是能成为正式职员就好了!”听到这话，她觉得上司暗示她有转正的机会，感到十分开心。

但结果事与愿违，因为2004年日本出台了新的《劳动者派遣法》，规定了雇主与雇员之间的“三年之约”。“三年之约”对于就业冰河期的一代人产生了深远的影响，这也是之后中年自由职业者数量增多的原因。

下面，我将再次论述“三年之约”的主要影响。法律规定同一派遣职员在同一公司工作三年以上，被派遣方的企业需要将该职员直接聘用为正式职员或契约职员。这项规定被称为法律的“作为义务”。但事实上，这不但没有促使被派遣方直接聘用派遣职员，反而导致了“三年裁员”的恶果。

另外，“三年之约”还导致契约职员、兼职职员、临时工等直接雇佣的合同期限的上限变为三年。三年，是能够逐渐适应职场、工作单位，并在工作上独当一面的时间。倘若每三年就要被迫跳槽，员工们则很难积累工作经验，只能一直重复着非正式雇佣的工作。

之后，“三年之约”派遣职员的裁员问题得到了一定的关注，转正的情况也略有改善。但是，倘若企业仅仅是为了遵守法律来实施这种雇佣政策，那么其实雇佣体制的核心并没有变化，这种雇佣只不过是“名义上的转正”而已。

博美在派遣期快满三年的时候，被终止了派遣合同，她没有晋升为正式职员。在那之后，她几乎每一到两年就不得不跳槽。她同时也进行着正式职员的求职活动，从28岁起，许多面试官都会问她是否有结婚的计划。之后，她在派遣期间结了婚，再面试的时候，面试官则会问她有没有生孩子的计划。尽管根据《男女雇佣机会均等法》的规定，在面试过程中询问求职者今后的结婚生子计划是违反法律规定的。

最终，她的求职之路越发艰难，35岁过后，她仍然是一名非正式职员。由于博美已经结婚，在统计时她并没有被算作中年自由职业者，但她面临的问题不正是中年自由职业者的问题吗？

“倘若女性想成为正式职员，就要放弃结婚生子吗？”博美的内心不禁感叹道。

学童保育制度离不开非正式职员的功劳——真澄

“由于从最开始我就没经历过正式雇佣，所以我便认为自己只能止步于此。”

樱井真澄（45岁左右）对自己的前途已经麻木。

真澄大学毕业后就入职了一家私营企业，担任销售员。她每天都工作到很晚，生活很不规律，还承受着很大的绩效考核压力。她在大学期间考取了小学教师职业资格证，并一直想从事儿童教育方面的工作，于是一年后她选择了辞职。

之后，她在当地学童保育机构找到了一份工作，担任学童指导教员。学童保育机构是基于儿童保护法而建立的公益组织，法律上的正式名称为“儿童课后健康教育事业（儿童课后托管所）”。在当下，许多家长工作繁忙，孩子们放学后则“无家可回”，这一机构针对的就是这些上小学的孩子们，通过开放小学的空闲教室等，为他们提供一个放学后学习、游玩的地方。真澄很高兴自己能有机会在学校工作。

根据厚生劳动省发布的《儿童课后健康教育事业的实施情况调查》（2017年），儿童课后托管所在全国有2.46万所，注册儿童人数达到117.12万人。而学童指导教员中，正式教员的比率很低，全国正式教员占比达到50%的行政单位只有山形县和冲绳县。从全国来看，正式教员人数只占27.6%，也就是说，从事学童保育工作的主力大多是非正式职员，真澄也是其中之一。

真澄所在的单位一个正式职员都没有，所有的工作都依靠非正式职员，换句话说，工作第一年和第十年，薪酬是没有差别的。虽然多多少少还有一定的退休补助，但津贴是一分都没有的。真澄觉得这样的规定很不合理，于是她向上级主管部门反映了相关情况，并希望改善待遇。上面直接拒绝了她的请求，并答复道："我们不能给你开特殊通道。"

有时她又会想："毕竟这儿可以一直工作下去，能不能转正也不太重要。"

但是另一方面，她一直存有疑虑：如果在这里有任何工作上的失误，按理应当由政府部门的正式职员来承担责任，但事实上恰恰相反，在基层工作的非正式职员往往要替他们背黑锅。既然是这样的话，非正式职员就应该转正。就转正的问题，她也向上级主管部门询问过，上面的答复是："一年期刚满的职员就想转正，这是不可能的。"对于她的疑问，上级主管部门总是漠然置之。

过了35岁后，真澄对工作更加焦虑了："要是之后我生病了，比如患了乳腺癌，不得不休息，那该如何是好呢？"

真澄这么多年都是一个人生活，她有时想，要是自己30来岁的时候结了婚，也许现在的生活会不一样吧。如今独居的生活20年来一成不变，每月到手的工资10多万日元，也攒不下，只够糊口，生活过得清贫；而且，假如有一天父母身体不好，需要照顾了，那生活就更加艰难了。

"我喜欢学童保育的工作，这份工作能通过自己的思考来实践，而不是简单地墨守成规，我觉得很有意思。"她这样说道。

但同时，她又谈道："我越来越感到体力不支，孩子们经常跑来跑去，酷暑天要长时间地跟着他们，身体实在吃不消。到了五六十岁，我还干得动吗？”

每天，她都在处于这样的焦虑之中。

非正式职员和正式职员之间的待遇差别

博美就这样一边坚持着这份派遣工作，一边试图寻找一份正式雇佣的工作。但就目前的就业形势而言，一旦从事过非正式雇佣工作，再想跳槽到别的企业成为正式职员可谓困难重重。

根据总务省调查局发布的《劳动力调查》（2017年），关于选择非正式雇佣的主要理由，14.3%的人回答是“没有找到正式编制以及正式职员的工作”。我们可以称这些人为“非本人意愿的非正式职员”，在这一人群中，35岁至44岁的有51万人（占比14.5%），45岁至52岁的有60万人（占比15.4%）。

另外，我们也可以参考厚生劳动省发布的《能力开发基本调查》（2017年度），与正式职员相比，只有半数的非正式职员能够有机会接受职场的教育培训。也就是说，非正式职员很难提高自身的职场技能。

非正式职员大多原地踏步，不容易晋升。这并不是因为他们自身能力不足，而是社会没有给予他们再求职、晋升的机会。在这些非正式职员中，许多人只被当作是正式职员的替代品，他们从事着与正式职员同样的工作、背负着同样的责任。

根据厚生劳动省五年一次的普及调查《兼职劳动者综合实际情况的调查》（2016年），针对选择兼职工作的理由，57.0%的人回答是“可以根据自己的时间来调整工作”。但仍然有将近两成的人这样回答，“未被正式雇佣岗位录用”（7.4%）、“找不到正式雇佣招聘的相关信息”（11.7%），也就是说，这些人选择非正式雇佣职位并非出于自愿。

根据这份调查，我们还可以看出，正式雇佣与非正式雇佣两者的工作内容大同小异，但待遇水平相差较大。兼职的劳动者中，有将近一半的人对现状不满。比如，许多人表示“非正式职员在工作内容和承担的责任上都同正式职员并无差异，但薪金水平差了很多”（21.8%）、“与正式职员相比，非正式职员的通勤补贴和退休津贴较少或没有”（21.7%）。这样看来，二者之间的确存在着不小的待遇差距。

雇佣现状所导致的差别对待问题越发严峻。而对职员来说，随着年龄的增加，这种差距就越来越大。尤其是30岁左右的女性，只要她有结婚生子的打算，转正从此就无望了。因此，许多人放弃了结婚、生小孩，如此一来，中年自由职业者的数量也越来越多。

被忽视的中年女性就业问题

许多派遣合同被终止的女性，不得不考虑跳槽到其他企业工作，重新开始求职，但没有想到的是，性别和年龄成了她们求职路上最大的绊脚石。

有人回忆说："面试的时候，面试官会再三确认我是否有结婚的计划。"还有人记得面试官曾这样说道："我们公司也不富余，实在没办法雇佣30来岁的人。有些人进了公司很快就结婚、生孩子，公司方面也很为难。如果你考虑要孩子的话，就非常抱歉了。"

根据厚生劳动省发布的《人口动态调查》显示，当下女性晚婚化问题越发严峻。2017年，全国女性的初婚年龄为29.4岁，初产年龄为30.7岁，也就是说，女性在30岁前后才会考虑结婚生子。

30岁的已婚女性在求职时，就算回答"我不考虑生孩子"，通常也不会被录用。某人才中介公司的经理曾告诉我说："女性处于怀孕期或者哺乳期时，公司没办法让她加班，因此女性的年龄就成了求职的绊脚石。如果没有过正式职员的经历的话，就更难找到合适的工作了。"

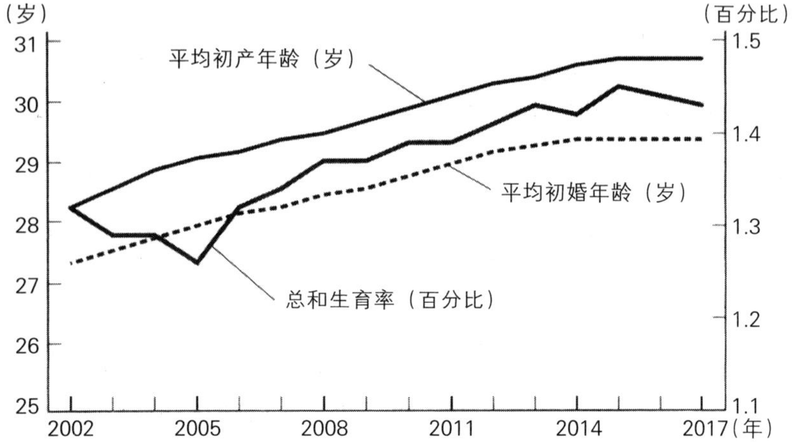

(出处:厚生劳动省《人口动态调查》)

女性的平均初婚、初产年龄和总和生育率

也就是说，女性就算想跳槽，那扇重新开启的门也已被牢牢锁住，她们只得在派遣、兼职这些工作中原地踏步。

根据总务省统计局发布的《劳动力调查》，25岁至34岁的非正式职员的人数在近20年间大大增长，女性劳动力率的M字曲线[1]有了一定的改善，但也不过是非正式雇佣所带来的改善，她们大多放弃了结婚，选择了继续工作。

---

[1] M字曲线指按年龄划分的女性就业率统计数据的曲线呈现M字形(两个峰值)。通常在结婚前达到劳动力曲线的第一个峰值，随后由于结婚生子则呈现缓慢下降趋势，之后，随着育儿期的结束，就业率再次上升，又达到另一个峰值，这样的曲线变化图日本称之为“女性劳动力率的M字曲线”。——译者注

女性所面临的失业及各种不稳定的雇佣条件等问题深深地隐藏在婚姻的外衣之下，人们对于中年女性的就业问题越发视而不见。

依靠政策进行整改是远远不够的

在非正式雇佣中，适婚期、适孕期的女性经常在职场上遭遇解雇。2009年，女性非正式职员曾经一度减少至1200万人，之后人数有所回升，2017年达到了1389万人。

我采访了一对夫妇，他们表示想要尽快生育小孩。虽然丈夫是某公司的正式职员，但奖金只能拿到一半。因为不用加班，也便没有加班费，每月到手收入20万日元左右，可以说是“有名无实”的正式职员。

妻子是契约职员，倘若妻子失去工作，仅凭丈夫的收入则无法维持生计。妻子三年的雇佣合同马上就要到期，但转正的机会似乎很渺茫。对未来的焦虑让他们不敢生孩子，他们看到身边收入稳定的朋友一个接一个地有了孩子，心里越发焦急。

妻子说道：“我以为契约职员相比派遣职员要相对稳定些，但也并非这么简单。我现在不仅烦恼工作的不稳定，更是因为焦虑而不敢要孩子。只要我和丈夫任何一方能有一个稳定的工作，我们就不用顾虑那么多了。我真的很羡慕我的朋友们。”

如今，双职工家庭早已多于单职工家庭。以前，男性负责赚钱养家，女性负责家务劳动和照料孩子，这种性别分工无论从经济现状来看，还是从劳动力人口的平衡来看都十分不合理，更何况从人权角度而言，强制性的性别分工存在着不少问题。当下，性别分工虽然有所改善，但男女在薪酬、技能培训、晋升机会等方面仍然有许多不合理之处。

根据厚生劳动省发布的《有关薪酬的基本统计调查》（2017年）显示，普通劳动者的平均法定工资，男女之间存在着较大的差异，以男性收入100作参照，女性收入只有73.4。总体上看，虽然有了一定的改善，但《男女雇佣机会均等法》已经实施了30多年，男女同工不同酬问题仍未得到解决。

1986年，日本不仅通过了《男女雇佣机会均等法》，同时也推行了《劳动者派遣法》。我们是不是可以认为，《劳动者派遣法》其实是针对女性雇佣的派遣问题的呢？事实上，根据《有关薪酬的基本统计调查》，派遣职员中，女性占了大多数。更值得关注的是，在育儿期的女性中，派遣职员的数量相对较多。

在劳动市场有这样一种说法，派遣就像毒品，一旦沾上就很难脱身了。对企业而言，员工派遣合同到期就可以合法地将其“辞退”，还能够缩减当下的人工费和员工福利费。企业尝到了甜头，却忘记了人才才是公司发展的动力。对于这些企业而言，仅仅依靠今后法案的修改以及规章制度的实施，恐怕很难达到整改的效果吧。

然而，这些问题光靠个人努力是无法解决的。这种结构性的劳动问题也将会影响几代人。非正式雇佣和同工不同酬的问题，影响的不仅仅是自身的生活，也影响了再生产的权利、生育下一代的权利，我们应该从更深层次的角度来思考这些问题。

对这些社会问题的置若罔闻，导致当下出生人数每年降至100万人以下，中年自由职业者的问题也逐渐浮出水面。

❸

“妊娠期解聘”的冲击

阳子怀孕了，她告知了派遣公司的领导。几天后，被派遣方的负责人告诉她，下一季的合同不会再续约了。

生育期职权骚扰越发频繁——三十三岁的彩花

“什么时候能回归职场呢？还是辞职回家专心照顾孩子呢？”

今野彩花，今年33岁，就职于东海地区的某电力公司。她向领导报告她怀孕了，领导不假思索地说出了“辞职”二字。彩花在学生时代一直坚定自己结婚生子后，也要继续在职场上打拼，当她听到领导的回复后，不禁感到无语。

女性因怀孕、生育等原因被公司解除或终止劳动合同，或者受到身体上或精神上的职权骚扰，可以称为“生育期职权骚扰”（マタニティハラスメント，简称“生育期骚扰”），这一问题越来越受到大众的关注。

生育期骚扰（マタハラ）一词对大众来说仍旧比较陌生，它同职场上的性骚扰（セクハラ）、职权骚扰（パワハラ）并称为三种权利骚扰。日本劳动工会总联合会有关生育期骚扰的第三次调查显示，20岁至50岁的女性中，约有三成的女性都经历过生育期骚扰。

事实上，还有许多本人没有意识到的生育期骚扰。

彩花的上司在泡沫经济期进入公司，他和妻子曾是同事，如今妻子是名家庭主妇。当时，女性进入职场的目的就是为了找到“三高”（高学历、高收入、高身高）的另一半，然后光荣地辞职。想在职场打拼的女性，不得不放弃结婚生子，她们往往要比男性更加努力，才能留在职场上。

彩花经常听上司这样说：“孩子还小，她作为母亲，应该留在家里照顾孩子。”到自己怀孕的时候，上司不顾彩花的意愿，一而再再而三地反复劝说：“你还是辞职吧。”

而且，公司的业绩不太乐观，领导们为了减少人力资源成本费尽了脑筋。彩花所属的会计总务科，正式职员已经减少了一半，目前只有一位50多岁的上司、一位40多岁的男同事和彩花三人。

如今，全日制契约职员也离开了公司，公司只有在业务最繁忙的时候，才会雇佣非正式职员。当然，正式职员的负担仍然很重，每到年度决算的时候甚至要忙到凌晨。当时，彩花还在孕期，上司跟她说：“你作为一个正式职员，跟我说你加不了班，我也很为难啊！”上司似乎变相地催促彩花辞职。

“真羡慕孕妇啊”

彩花万万没有想到，公司会变相逼迫她辞职，她连反驳的余地都没有。

她上网查了资料，明白了产前、产后期、哺乳期的休假是法律规定的每个人都应有的权利，她强烈地向上司表达了自己的意愿：“按照《劳动标准法》和《育儿养老休假法》，我有休假的权利，我不会辞职，会继续工作的。”

结果，公司的氛围一下子变得十分严苛。

“明明做不了什么事儿。”

“哎呀，真羡慕孕妇啊！”

这些冰冷的话仿佛每天都在针对她。

过了没多久，公司进入了一年中最繁忙的年度决算期，彩花的孕吐反应也越来越严重。怀孕初期，彩花将一部分不方便完成的工作交给了一位同事，面对孕吐的彩花，同事的态度显得无比冷淡。彩花有时会跑到厕所呕吐，再回到座位上时，就听到同事在抱怨：“这样工作就是给人添麻烦，公司可真是仁慈。”

这是典型的生育期骚扰，然而，彩花看到上司和同事们辛苦加班到午夜12点，心里也有一丝过意不去。

之后的日子，彩花渐渐觉得肚子胀气，甚至感到疼痛，她担心自己流产，思前想后，决定早点下班回家。当她看到周围的非正式职员晚上10点下班的时候，她也尝试着离开公司。

孕吐稍微好些了，她全神贯注地完成了手头的工作，正想收拾下班回家的时候，公司的同事咂舌着说："哎呀，真羡慕孕妇啊！"

彩花想："妊娠反应好点了，就忍耐一下吧！"她逼迫自己再坚持坚持。过了一段时间，妊娠反应有了缓解，年度决算也告一段落。为了不再听到同事们感叹"公司的仁慈"，她挺着大肚子搬着装满资料的沉重的纸壳箱，决不让其他同事代劳，她手托着肚子，每天都担惊受怕，害怕哪一天会突然流产。

回归了职场也无立足之地

根据上文提到的日本劳动工会总联合会的调查，实际上有67.3%的女性认为"生育期骚扰的原因"在于"男性对于怀孕、生孩子不够理解和支持"。而且，有88.3%的女性表示"想在照顾好孩子的同时能够干好工作"，但因生子、育儿而"不得不辞去工作"的女性占比为32.6%。

彩花忍受了办公室同事的冷嘲热讽，终于平安生下了孩子，产假两个月，育儿假[1]两个月，四个月大的孩子正好可以送托儿所，她回归了职场。

然而上司跟她说："你不在的这段时间，工作量特别多，我们请了一个全日制的契约职员，这里已经没有你的位子了！"她没有办法回到以前的部门工作了。上司又说："只有销售部门有缺口，不想干的话就辞职吧！"公司逼迫她辞职或调岗。上司的这种做法，是以怀孕生子为理由的降职降薪或解雇，显然违反了《男女雇佣机会均等法》。

彩花的丈夫在工厂上班，每月到手的工资为18万日元。目前的收入仅能维持家庭的基本开销，因此彩花不能辞职，她必须重新学习尚未熟悉的业务，重新建立新的人际关系，但万万没想到，等待她的是来自"托儿所的考验"。

每年度开始的时候，托儿所的孩子们往往会由于难以适应新环境而生病。流感等带有传染性的病扩散得较快，一般来说，进入托儿所半年后的孩子，总会由于突发的发烧和传染病而不得不请假。

彩花把孩子送到托儿所后，托儿所就开始流行风疹和手

[1] 育儿假日文为"育児休業"，它不同于产假，是指孩子一岁之前，为照顾孩子所申请的带薪休假，不分男女。产假是指产前6周、产后8周的带薪休假，详见后文。——译者注

足口病，丈夫要上夜班，根本没办法照顾孩子，彩花为了照顾孩子只能每天迟到、早退，还多次向公司请假。在公司的销售部门，要照料年幼孩子的，只有她一人。其他同事都指责她，“为了照顾孩子，你请太多假了”，“工作干不好不说，还经常翘班，太不像话了”。同事的话让她很难受，为了孩子，在30多岁精力还算充沛的年龄，她被折腾得焦头烂额。

彩花说：“我怀孕、生孩子、照顾孩子，还坚持工作，就这样被周围的人嫌弃吗？”她一下没了精神。

在生育期骚扰不断的职场，很多女性就算生完孩子后保留了工作，回归了职场，也会遭到同事的冷嘲热讽。然而，人们把人手不足导致的长时间劳动看作是理所当然，这才是问题的根本所在，同事也是因此没有闲暇来帮助别人的。正是因为没有解决人手不足的问题、没有完善员工薪金的奖赏和补贴，员工才会对所承担的工作表示不满。

“怀孕解雇”横行——三十九岁的阳子

这种生育期骚扰既是老问题又是新问题。

1986年，《男女雇佣机会均等法》开始实施，终于出现了“史前第一次获得综合职位的女性”[1]。那时的女性比现在的更加拼命，她们比男性付出了更多的努力，但仍然很少得到重用。当时，别说是生孩子了，女性倘若没有为了工作放弃结婚，那么她的努力就得不到认可。

在这之后，女性受雇佣的机会逐渐增多，曾经“光荣辞职”的现象也有所减少。步入婚姻的女性、需要生育和照料孩子的女性，也能够在职场上继续工作了。上文所提到的日本劳动工会总联合会的调查显示，有51.4%的女性回答，“在育儿的过程中选择继续工作是出于自己的意愿”。相比之下，36.9%的女性认为，“在育儿的过程中不得不继续工作是为了维持生计”，前者的比例远远超过后者，这也意味着女性的工作意识有了极大的改变。

然而，从2000年开始，就业冰河期的到来直接对女性的雇佣产生了不利的影响，以派遣为首的非正式雇佣急速增加，与此同时，“怀孕解聘”替代了曾经的“光荣辞职”。派遣职员一旦怀孕，派遣公司就会称这些女性为“残次品”，被派遣方就会要求“尽快退货”，这种现象在公司中层出

---

[1] 日本的人力资源管理通常又叫作“コース別管理制度”（按照晋升渠道划分的管理制度），最常见的两种职位就是“综合职位”和“一般职位”（又称作“事务职位”）。相比于承担许多烦琐事务的“一般职位”，“综合职位”晋升、培训的机会更多，发展前景更好。——译者注

不穷。

就职于某化学制造公司的派遣职员木下阳子女士（39岁），曾经也遭遇过“怀孕解聘”。阳子的劳动合同每三个月一更新，她在这家公司负责贸易业务。派遣职员获得的通常是事务职位，其中也不乏最后转正的。

上司曾经许诺，“过了三年派遣期，就有机会转正”，阳子充满了期待，但另一方面她仍在苦恼自己“什么时候能怀孕生子”。三年派遣期满后她就超35岁了，当时的阳子34岁，考虑到年龄，也该准备怀孕生子了。

对女性而言，35岁是怀孕的分水岭。35岁开始，随着卵巢退化，怀孕概率逐渐降低，流产率逐渐增高。阳子思索再三，决定顺其自然。“怀孕是上天的礼物，就算想要小孩，也没有那么容易。”

不久后，阳子怀孕了，她告知了派遣公司的领导：“早向您报告，我们也可以商讨今后的对策。”几天后，被派遣方（也就是她工作的这家公司）的负责人告诉她，下一季的合同不会再续约了。

阳子无法接受事实，她再次向公司询问理由，对方一再强调是她能力不足。但公司并没有终止其他派遣职员的合同，她觉得一定是因为自己怀孕，公司才终止了与她的劳动合同。

她不甘心，仍然向公司领导追问合同的问题，领导说：

“你为什么不等到转正之后再怀孕呢？派遣期间出了任何问题，公司是不负责任的，你现在就辞职静养吧！”领导直言不讳地承认了终止合同是由于她怀孕了。

这种做法显而易见地违反了《男女雇佣机会均等法》，公司以合同期满为名，变相解聘了怀孕的员工。

阳子试图同公司再次交涉，但妊娠反应严重，她已经没有力气和公司抗争到底。阳子回忆道：“就算我一再反抗，也很难在职场立足了。为了能顺利生下孩子，我不会再自寻烦恼了。”

“请育儿假就走人吧”——三十八岁的清美

非正式雇佣的女性，还要面临着育儿假之难。

大木清美，今年38岁，她在日本海海岸的某中小城市出生、成长、工作，那里一到冬天，大雪就会覆盖整个城市。她是公立医院的一名临床检查技师，作为临时职员已经在这里工作十年了。虽然她不满于非正式职员和正式职员的差别对待，但还是觉得比起私立医院这份工作算不错了。

清美毕业于职业技术学校，毕业之初，她经历了极为严重的就业冰河期。特别是在中小城市，就业形势更为艰难。职业技术学校在籍的同一级学生有80多人，但来学校招聘的单位只有一家。一个检查技师的工作岗位，甚至有200多名学生同时报名。

清美先在一家普通公司找到了一份工作，随后被现在的工作单位——公立医院录取，她成了医院的一名兼职工作人员。按照雇佣合同，清美本应该是临时职员，但由于医院方面规定“每天工作六个小时的雇佣人员为兼职工作人员”，因此她只能做一名兼职职员，而兼职就无法享受退休金。她想寻得一份全职的工作，但始终没有找到。当时，她正考虑结婚，因此觉得当下工作中“积累临床工作的经验”才是最关键的，于是她选择暂且不去计较待遇。就这样，这份工作的雇佣合同每六个月更新一次，清美已经在这一岗位坚持了十年。

在这期间，清美生了三个孩子。但每次她都没有请到育儿假，只得坚持工作。关于育儿假，地方公务员与普通企业员工所要遵循的规定是不同的，地方公务员需要遵守公务员育儿假的相关法律规定。根据法律规定，清美属于临时职员，而临时职员不在法律保护的范围之内。

目前，相关人士在推进法律法规的改革，以保证地方公务员一般职位的兼职职员也能够享受到育儿假的福利。根据总务省发布的《有关地方公务员临时职员、兼职职员以及任期制职员的聘用形式的研究会报告书》（2016年12月）显示，在这些文件中，有777个单位（行政区域、城市、市区县村）导入了“一般职位的兼职职员”的招聘计划，而其中有292个单位表示“目前尚无计划”导入育儿假。许多公立医院，针对兼职职员设立了生理期休假和哺乳期休假（每天可休两次，每次30分钟），但育儿假的制度还远远不够完善。

清美在十年前生下了第一胎，当时为了怀孕遭了不少罪，还在医院接受了不孕不育的治疗，后来终于通过人工授精生下了第一个孩子。然而根据当时《劳动标准法》的规定，无论是正式雇佣还是非正式雇佣，所有女性只能按照规定休产假（产前6周、产后8周），因此，清美休了两个月的产假就立刻回归了职场。

请假前，单位的领导竟然给了她这样的警告：“产假只有8周，你自己算好日子来上班。如果不来，那以后这儿就没有你的位子了。”

她的一位同事，由于产后恢复得不好，产假期满的那天没有立即上班，就被单位辞退了。能够按时回归职场的，都是分娩较为顺利的人。有些人因为难产而不得不选择剖宫产，产后第八周伤口仍然很痛，没有办法立刻工作，这些人就因此失去了工作。能不能保住饭碗，全靠分娩时的运气。

“同样是非正式雇佣，医疗辅助员中特别职位[1]的兼职职员可以休育儿假，特聘职员[2]也可以休育儿假。但我已经干了十年的检查技师，只因为是临时职员，所以没有休育儿假的资格。”

清美做了十年的检查技师，每天工作六个小时，日薪8300日元，待遇并不尽如人意。但清美想多多积累工作经验，她一边带孩子，一边不惜牺牲休息时间自学，最终拿到了超声波检查的资格证书。

当初一起毕业的同学，有些由于工作不稳定，迟迟没有结婚；有些结了婚的则因为生孩子而辞去了工作。医院招聘合同期为一年的临时职员，也有很多应聘者来报名，而且应聘检查技师的也不在少数。

清美不禁感叹道：“这个社会仿佛在说，女人生了孩子就该辞职。‘成团一代’陆续退休，正式雇佣的机会也只针对应届毕业生。就业冰河期的这一代人仿佛是多余的。不积累工作经验，就无法在职场生存。没有了工作，当然什么都没有了。活着究竟是为了什么呢？”

---

[1] 特别职位，在日本指国务大臣、大使、法官、地方公共团体的长官等，其地位、职务有特别性质，不适用《国家公务员法》《地方公务员法》。——译者注

[2] 特聘职员，日文为“嘱托职员”，是非正式雇佣形态的一种，没有具体明确的法律规定，如退休之后的返聘人员就属于特聘职员，其劳动合同需要依照该单位的相关规定签订。

4

护理、护工和非正式公务员

“你这是第二胎，没什么大不了，做护理工作流产是正常的。”生命还分什么第一胎、第二胎吗？

“都二胎了，流产也没什么吧”——三十五岁的理惠

女性比例较高的护理、护工行业也出现了生育期骚扰。

厚生劳动省发布的《有关护理、服务机构的调查》（2016年度）显示，在日本从事护工的劳动人口大约有183万人，其中70%至80%都是女性。护工的工作主要是照料卧床不起的老年人，身体承受的负担很大。因此，在这一行业中也常常出现生育期骚扰。

“你这都二胎了，没什么大不了的，许多人也都流过产。”

加藤理惠，今年35岁，是一名护工，这句话成为她永生难忘的痛苦回忆。她在10年前经历了流产，第一个孩子出生后不久，她又怀上了第二个孩子，然而在值夜班的时候，她不幸失去了这个新的小生命。

理惠在一家北关东的康健养老机构工作。照料卧床不起的老年人绝不是一份轻松的活儿。她怀第一胎的时候，害怕流产，因此向上司请求减少夜班次数，上司对她说：“你是

正式职员，就算是怀孕了也要值夜班。大家不都是这么过来的嘛。”她的夜班工作量并没有减轻。

于是，理惠请产假之前，夜班的工作一直照常，她不敢有任何松懈。虽然经历了先兆流产和早产，但她还是顺利地生下了第一个孩子。

一年后，她发现自己又怀孕了，夜班的工作还是一如既往。因为人手不足，她每个月需要加班的次数和夜班的次数高达10次，上司训斥她道：“不想值夜班的话，就辞职吧，或者转为合同工。”

理惠的收入加上丈夫的收入，每年共计500万日元。考虑到房子的贷款、通勤生活所需的汽车维护费用，以及第一个孩子的托儿所费用，理惠无法轻易辞职。

怀孕第九周，刚值完夜班的理惠突然感到一阵腹痛，她预感不妙，不一会儿子宫出血，伴着血块甚至能感到胎盘脱落。直觉告诉她这是流产，她不敢相信流产竟然会发生在自己身上。

她赶到妇产科，医生诊断后告诉她确实是流产了。她向单位的领导报告情况，领导竟然说：“你这是第二胎，没什么大不了，做护理工作流产是正常的。”

“是夜班的工作夺走了我孩子的生命，生命还分什么第一胎、第二胎吗？”

理惠回想起当时的经历，仍然无法释怀。

又过了两年，她第三次怀孕了。单位的工作状况毫无改观，只要是正式职员就免不了值夜班。她觉得自己对流产有了阴影，强烈向上司提出了免除夜班的请求。“我们不能为你开特别通道，与其咱们双方都不痛快……”不久之后，理惠就被迫停薪留职了。

只要不值夜班，工作是可以继续的。如果有先兆流产的医生诊断书，是可以按照伤病处理并领取伤病补贴的。于是，理惠静养了一段时间，但症状有所好转后，就没有补贴和收入了。加之社会保险的钱也要自己负担，这样一来每个月都入不敷出，仅靠丈夫的收入根本无法维持生计，就连第一个孩子的托儿费都不得不拖欠。他们彻底走投无路了。

生完孩子后，她原本计划请一年的育儿假再回归职场，但考虑到家里的经济状况，半年后就回归了职场。上司打电话再三催促：“人手不足，快回来上班吧。”

理惠抱着六个月大的孩子，又回到了夜班的岗位。她知道，在这样的工作单位，孕妇得不到关怀，哺乳期和育儿期也会有更糟糕的情况等待着她。就算在这儿工作 10 年以上，勤勤恳恳地值夜班，每个月也只有 20 万日元左右，她想辞职，但为了生计无法轻易离开。

理惠真切地说道：“我希望领导和制定制度的官员、政界人士都能够到福利机构和医疗一线亲自体会一下夜班的辛苦、日班的忙碌，不从国家层面改善制度，人手不足的问题就会一直持续，生育期的种种困难就不会停止。这样一来，这个行业的人只会越来越少。”

做护工的孕妇，每十个人里就有一个流产

2025年，“成团一代”集体达到75岁，迎来晚年，日本将开始进入超老龄化社会。护工的工作在现阶段已经出现较大缺口，今后将会面临更严重的供不应求。当然，护理等福利机构、医疗行业的专业人员也出现了缺口，而从事这些行业的人员大多是非正式雇佣的女性。许多女性由于怀孕、分娩、育儿而不得不离开劳动力市场。

据调查，从事护理行业的女性非常多，在职场女性中，每20位女性之中就有一位从事护理行业（保健师、助产士、护理师、准护理师）。根据厚生劳动省的调查，护理行业在编人员有166万人（2016年），其中女性占90%。除此之外，日本护理协会的调查显示，在医院从事护理工作的在编人员的离职率有10%。也就是说，这个行业有许多问题需要解决，如劳动时间较长、加班时间过多、夜班负担较重等，且这些问题已越发严峻。

在这些问题的背后，女性生育期骚扰也不可忽视。

日本医疗劳动工会联合会发布的《护理人员的劳动情况调查》（2017年）显示，2014年4月之后怀孕的护理人员，只有26.4%的人表示“一切顺利”，30.5%的人经历过先兆早产、流产，10%的人经历过流产。

我们再来看一下较早的一些资料，厚生劳动省发布的《护理人员就业状况等实际调查》（2010年度）中，有一个问题是“生育和照料第一胎的时候想得到哪些制度的支援”。答案中排名较前的有“免除夜班或者减少夜班的次数”“免除上班时间以外的加班”等。这样看来，护理行业的状况丝毫没有改变。

随着老龄化问题逐渐严峻以及医疗技术的发展，一线的工作会越来越繁忙。因此，在一线工作的女性也许会在生育期面临重重困难，这也会导致她们离职。

公务员世界的巨变——四十岁的弘子

公务员的世界似乎总是“安稳”的，但没想到的是，公务员的工作状况也出现了巨大的变化。随着临时职员和非编制职员的增加，“怀孕分娩就等于雇佣终止”这样的现象越来越频繁。

宫田弘子，今年40岁，在东京某单位工作，她研究生毕业之后，成了一名非编制公务员。她的合同每年更新，最多可以续约五年，在第四年的时候，她怀孕了。她本想向单位的同事打听一些事项，结果发现，单位里经历过怀孕生子的非编制职员一位也没有。

因为怀孕初期反应严重，她有时会迟到早退，上司警告她，这会影响她的工作绩效考核。之后，上司对她的态度很强硬，说道："我们这儿非编制职员没有怀孕生孩子的，你要想继续工作，就不要请假。"

弘子想，最好能够向单位请育儿假，这样工作上也不会耽误太多，但没想到的是，她次年的劳动合同就被终止了，她遭到了解聘。单位给的理由是"下一年度业务预算不足"，但以往的非编制职员都能够干满五年，这样看来，单位是因为她怀孕而终止了劳动合同，这才是真正的理由。这件事已经过去五年了，但如今的状况丝毫没有改变。

当下，许多行政部门的非正式雇佣人数都有所增加。据总务省的调查（2017年），市级、町级、村级的非正式雇佣公务员高达64.3万人，九年期间增加了19万人。他们的工作待遇不佳，与正式职员有较大差距，工资收入仅是正式职员的四分之一至三分之一。

在这些非正式雇佣人员中，有不少怀孕的女性面临继续就业的困难。

国立社会保障及人口问题研究所公布的《出生动向基本调查》（2015 年）显示，如果怀孕（第一胎）之初是非正式职员，能够申请育儿假并继续在该单位工作的人仅有 10%（结婚和分娩在 2010 年至 2014 年之间），而正式职员的话，比例则有 59%。

从弘子的遭遇中我们可以看出，这种差异显然不再是普通企业所面临的问题了。

怀孕原本是可喜可贺之事，新生命在众人的庆贺声中来到这个世界多么令人欣喜，然而现实十分可悲，在职场打拼的女性一旦怀孕，就要一直向周围的人重复地说“抱歉”。法律原本规定了女性在妊娠、分娩之时应受到保护，但许多单位无视这样的规定，单位的强压导致不少女性冒着流产的风险仍在拼命工作。

若想平安生下孩子，有些女性只得辞职，她们觉得“辞职总比工作上产生纠纷或矛盾要好”，但辞职的后果往往只能自己默默忍受。这样的情形在众多专职人员的身上也屡见不鲜，于是出现了恶性循环，承担护理、看护、托儿等许多家庭所必需的社会服务职能的机构流失了大量人才，必要的社会保障功能也随之下降。

倘若事态进一步发展，也许会有一些人为了照顾家中的老人和孩子而不得不辞职。如此一来，企业效益下降，政府的税收随之递减，再进一步发展则会上升到国家层面。

专业技能职位是许多人通过努力获得的，这些专业人员因生育而被迫离职，相比普通企业职员的生育期离职，意义不同寻常。

5

“我为什么要生孩子呢”

许多女性为了顺利生下孩子都选择不去争取正当权利，吃了亏只能自己默默忍受。这种生育期所遭受的职权骚扰，不仅影响了个体的人生，在一定程度上也影响了国家的宏观经济。

从“孕期解聘”到儿童虐待——四十一岁的多惠

“这不是我的本意，但我不知道为什么就开始向孩子动手了。”

野村多惠，今年41岁，她萎靡不振、声泪俱下地向我叙述起她的经历，那时她有两个孩子，一个4岁，一个1岁。

多惠大学毕业时正赶上极为严重的就业冰河期，全国的就业率甚至都不到60%，她一时没有找到工作，就以一名派遣职员的身份进入了职场。她被派遣到一家食品公司担任普通的文职员，她知道在职场打拼，即便是派遣职员，没有职业技能也难以生存下来，因此，她开始学习会计的相关知识，并打算考取会计资格证书。

之后，她又被派遣到一家IT公司的会计部门。那时，她25岁，同大学时期的恋人结了婚。多惠的年薪大约为300万日元，丈夫是连锁居酒屋的正式职员，年收入有400万日元，那时的她坚信“两个人的收入维持基本开销绰绰有余了”。

她经历了两次派遣后，到了第三家公司。在第三家公司工作两年后，公司领导对她说：“如果顺利的话，你可以转正。”结果第三年，多惠怀孕了，情况就发生了变化。多惠想：“预产期差不多就能转正，那我应该早点向公司报告，别给大家添麻烦，公司也好有计划地安排工作。”于是，她在知道自己怀孕后，就立刻高兴地向公司领导报告了情况。

“我怀孕了，我会一直工作到生产的，请您多多关照！”

她本以为领导会祝福她，但没想到得到了这样的答复：“你不是想转正吗？为什么这个时候要生孩子呢？”

听到这样的答复，她突然就有了不好的预感。领导补充道：“我会跟你的派遣公司谈一下你今后工作的问题的。”

在那之后，多惠感到领导总是躲着自己。她对今后的工作十分担忧，就试图询问了派遣公司的负责人，对方只答复道：“目前还不清楚。你怀孕的事应该尽早向我们报告的。”

分娩育儿期遭遇到的两次解雇

三周后，正是劳动合同更新的时间。派遣公司告诉她：“你工作的公司说下一季度的合同不再更新了。”她穷追不舍地问了领导原因，领导只是敷衍地说：“怀孕很不容易，你要是转正了，工作量加大，会影响你生产的，这个时候应该好好保重身体。”

这种做法就是典型的“孕期解聘”。多惠知道《劳动者派遣法》规定派遣合同不得超过三年，但没想到在合同将要满三年的时候公司竟以这种方式解雇了她。公司的这种做法是在利用法律的漏洞，强行与被雇佣方终止合同。

根据《劳动标准法》，雇佣形态上无论是派遣职员还是正式职员，所有女性都依法享受产假（产前6周、产后8周），我们在上文中对此已经有所论述。除此之外，从2005年开始，有关育儿假、看护假，法律有了新的规定和补充，劳动合同有具体期限的劳动者同样可以享受法律规定的育儿假。然而，从实际来看，育儿假的申请十分困难，非正式雇佣人员能够申请到育儿假的只有1万人左右。

按照相关法律对育儿假、看护假的规定，非正式职员（除了按天签订合同的日工）如果“在同一家公司连续工作一年以上”，且“孩子满一周岁后，仍然有意愿在该公司继续工作”，公司应允许其休育儿假。所以，按照法律规定，多惠至少可以休满产假。

多惠遭到了解聘，精神上受到了很大的打击，她十分不甘心。家里的收入减少了一半，生活开始变得艰辛。好在她顺利生下了女儿，女儿的到来让她内心得到了些许宽慰。

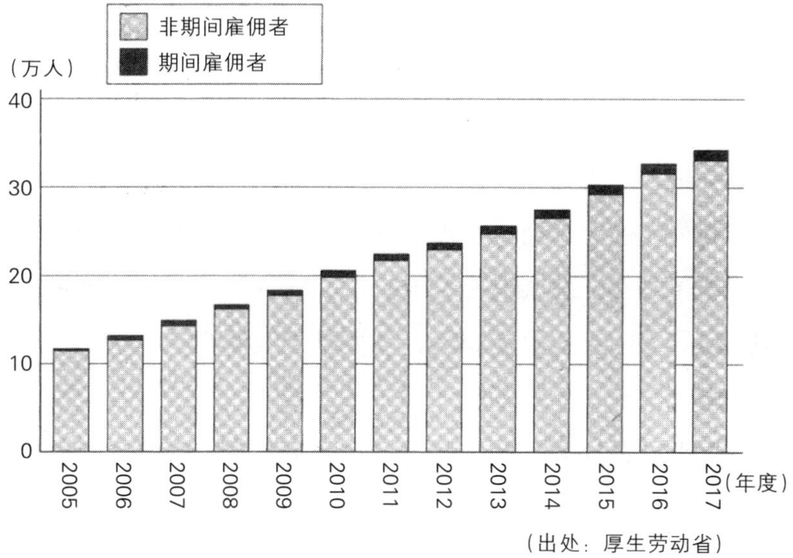

育儿假休假情况（首次享有育儿假补贴金的人数）变化图

然而，多惠是一个喜欢工作的人，没过多久，她就想着回归职场。她尝试过重新求职，但面试总不能带着孩子，就这样熬过了两年。在不断地坚持和努力之下，她终于找到了一份小工厂的会计工作，而且是一份正式雇佣的工作。每月工资 16 万日元，这是她人生中第一次被正式雇佣，她下定决心从头开始学习，拼搏努力。

当多惠重新回归职场的时候，恰巧在托儿所的女儿常常生病，也许是孩子感知到了妈妈的生活节奏有所变化吧，一时很难适应新的生活环境和节奏。

每次托儿所一联系她女儿发烧了，她就要迅速赶去接孩子。丈夫在居酒屋工作，常常要到半夜才回家，完全指望不上。因此，她在公司迟到和早退的次数越来越多，就在这个时候，她怀上了第二胎。

怀孕的反应很严重，迟到和早退就更加频繁了。面对这样的情况，社长对她说："你进公司没多久就怀孕，这可怎么是好啊……公司也不容易，你要是想继续在这儿工作，就要按时上下班。"

多惠只得忍着身体的难受，按时上下班，有时实在忍耐不住便只能冲到厕所呕吐。看到身体不方便的多惠，社长拍了拍她的肩膀，劝说道："你别硬撑了！"

这样的"劝导"就是大家心知肚明的委婉劝说辞退吧。

终于有一天，她无法忍受动了手

"生孩子对我来说就只是负担……"

多惠一这样想，就对怀孕生子丝毫没有了喜悦。第二个孩子终于出生，是个男孩，跟大女儿相比，这个孩子总是止不住地哭。她原本以为自己已经习惯于照顾孩子了，没想到根本哄不住儿子。

丈夫每每深夜才能回家，一回家听到孩子的哭声，他就心烦气躁，有时甚至还会动手打多惠。当时丈夫晋升成了店长，工作压力很大。多惠就这样每天没日没夜地照顾两个孩子，她的烦恼却无人聆听。

随后，家中的经济压力也越来越大。丈夫虽然升了店长，但是每月到手的薪水只多了2万日元的店长津贴，而且由于晋升成了领导，加班费反倒没有了。这样算下来，年薪丝毫没有增加，所谓升职加薪也只是“徒有其名”罢了。有时多惠想出去散散心，但经济上根本不足以支撑出游，她的压力越来越大。

但多惠仍然没有放弃再就业，电话面试的时候，对方有时听到哭声，就婉转地说：“你孩子还小吧，那就实在抱歉了。”偏偏在这种时候，女儿也不让人省心，总是任性撒娇。

多惠对孩子们的吵闹、任性忍无可忍，不禁对女儿动起了手，她向孩子大吼：“能不能安静会儿！”最开始她只是打打孩子的屁股，后来开始扇耳光、拉扯头发。儿子总是哭闹不停，她甚至拿起抱枕，捂住了孩子的脸。

之后，她突然回过神来，抱住女儿和儿子大哭：“妈妈对不起你们。”女儿也慢慢学会了看母亲的脸色，越来越惊恐不安。

“我差点将孩子虐待致死”

久而久之，多惠陷入了抑郁，偶尔回过神来，发现自己一边大哭一边拼命地摇晃着孩子。电视上滚动着和自己同龄的母亲杀死孩子的新闻，看到这样的新闻，多惠仿佛觉得自己也差点犯了大错。

丈夫每月只能休息一天。每天在多惠准备午饭的时候，也就是上午10点左右出门，凌晨2点至4点回家。丈夫从来不与她好好沟通，每次她鼓起勇气想和丈夫说说孩子的事时，他总是说：“我工作这么辛苦，好不容易回家了，照顾孩子这点小事你管好就行了。”多惠也从不敢责怪丈夫。

“这样下去，也许某一天我就会杀死自己的孩子。”

多惠带着两个孩子回了娘家，她把孩子们交给了母亲，自己总算能够稍微清静一下了。

根据厚生劳动省的调查数据，全国210处儿童保护机构接到的有关儿童虐待案件高达13.38万件（2017年度、速报数据）。此数据每年都在增加。

厚生劳动省公布的《有关儿童虐待致死案件的调查结果（第14次报告）》显示，2016年度儿童被虐待致死的案件中，有18个案件是全家集体自杀所导致的虐待致死（共28

人），有49个案件是全家集体自杀之外的虐待致死（共49人）。全家集体自杀之外的虐待致死中，0岁婴儿有32人（占65.3%），其中未满月的婴儿有16人（占0岁死亡婴儿的50.0%）。在这些数字中，我们也许可以看到在怀孕或分娩期间家长们被孤立的无助和不安。

上述悲剧的产生有着众多原因，但不可否认的是，经济形势和雇佣形态的不稳定同儿童虐待案件的发生存在着一定的关联。

无法理解生育的企业是没有价值的企业

正如本章所述，无论是正式职员还是非正式职员，或多或少都在职场上遭遇过生育期骚扰。并且，这些女性一旦离职，再次回归职场时则会面临重重困难，而这些困难甚至没有出现在统计资料之中，是隐藏在水面之下的中年自由职业者的危机。

正如在派遣公司遭遇“孕期解聘”的阳子，许多女性为了顺利生下孩子都选择不去争取正当权利，吃了亏只能自己默默忍受。事实上，在这30年间，有五到六成的女性因为生育第一胎而失去了工作，这样的状况始终没有改变。还有很多女性是在生育期遭遇职权骚扰后而被迫离职的；并且，这种在生育期所遭受的职权骚扰，不仅影响了个体的人生，在一定程度上也影响了国家的宏观经济。

第一生命经济研究所首席经济学家熊野英生的研究指出，因生育离职而导致的“经济损失”高达将近1.2兆日元。熊野指出，因怀孕生育而离职的女性大概有20万人（2017年），离职导致个人所得收入减少，这样算的话每年大概减少了635亿日元。另一方面，企业由于女性辞职也受到冲击，按照企业活动附加值减少（经济损失）来算，亏损达1.17兆日元。

我们再来做一个比较，以30岁的女性为例，一位因生育而离职，而另一位是正式职员，可以工作到60岁退休，两人之间的收入差距可达8307万日元。这一数字再换算成机会成本，宏观经济则会损失12.1兆日元。如此庞大的数字，我们又怎能忽视呢？

财务会计领域有一种说法叫作“going concern”（持续经营），意思是“企业持续经营的价值”。换句话说，具有投资价值的企业，是不可能破产且可以持续经营的企业。

从这个角度来看，无法留住员工长久工作的企业，以及无法兼顾员工利益的企业，可以说是没有存在价值的企业。企业倘若无法为员工创造生育下一代的条件，恐怕难以长久发展。然而现实情况是，除了一些大公司，我们无法向其他公司提出这样的要求。在这一问题上，我们也可以看到日本经济的衰退。

需要再次强调的是，生育是培育未来人才的起始点。当下的日本，不优待孕妇，使得孕妇在职场上遭遇生育期骚扰和“孕期解聘”，还谈什么重视培养下一代呢？换句话说，这样的社会并没有尊重人应有的价值。我们绝不能纵容职场上对孕妇的生育期骚扰和“孕期解聘”，这同样也关系着国家根基的建设。

安倍晋三首相上台后，在内阁设置了新的部门，目标是“打造全体女性大放异彩的社会”。但政府最应该着手的是向社会普及生育期骚扰等相关知识，要求社会各行各业严格遵守法律，这样才能真正改善当下的现状。特别是在医疗、看护、托儿等行业，其工作模式直接与国家制度相关，每个单位及个人的努力是有限的，这时候我们更需要政府的力量。

对于道德低下的企业，就算国家强化执法，它们仍然会找到法律的漏洞。所以，我们要解决问题的根源之所在，否则再好的对策也无济于事。这些问题的解决最终还是要依靠企业转变观念。当然，也有许多企业尊重每一位员工的价值，推进多样化的工作方式，而且能保证持续赢利。

在下一章，我们将介绍这些企业所付出的努力，展望雇佣市场美好的未来，从中吸取经验，让中年自由职业者的生存悲剧不再反复上演。

第三章

什么是良好的雇佣方式

❶

怎样减少雇佣双方的不匹配

——以富山县为例

“我一直在纠结到底是留在大城市继续工作，还是回归到地方工作。”“小公司才能够体验到各种各样的挑战，当下的社会更加注重雇佣的质量。”

工作愉悦的宜居城市

解决雇佣双方的不匹配，一直以来都是应聘双方面临的难题。学生们更愿意进入大企业或是知名企业，但实际上竞争激烈，即便顺利进入大企业，许多人会迅速感到理想和现实的差距，不久后就会辞职，随后他们有可能就会沦落为自由职业者。

就业冰河期那一代人年轻的时候，也有过同样的经历，多年后这种状况基本没有改变。但是，如果在年轻的时候尽早遇到自己心仪的企业、愿意栽培自己的公司，那么就不会出现大批中年自由职业者了。本章将以此为出发点，向大家介绍行政方面以及企业方面所实施的改革策略。

首先介绍的是富山县，10年来它一直致力于雇佣关系不匹配的改革，建立了当地中小企业与学生之间沟通的桥梁，大力推进UIJ型就业模式。

所谓UIJ型就业模式，指的是从大城市回归到地方城市的就业形式。具体来说，U型就业是指回老家就业，I型就业是指去往老家以外的其他地方城市就业，J型就业是指去往临近老家的地方城市就业。富山县一直致力于积极介绍本地优秀的中小企业，通过传播城市的魅力，打造“居在富山、劳在富山”的城市印象。

事实上，我们可以从数据上看出富山县在“愉快工作”和“宜居”两方面取得了不错的成绩。

根据总务省统计局发布的《就业结构基本调查》，富山县15岁至34岁的劳动力中，正式雇佣的比率高达77.8%，名列全国第一。同样，在富山县，女性的就业情况也较好，因怀孕生子而离职的仅占1.7%，为全国最低。而且，女性休育儿假的比率高达98.1%（富山县发布的《薪酬劳动条件实际调查》），幼儿进入托儿所的比率高达72.4%（厚生劳动省《社会福利机构等相关调查》），基本实现了清零留守儿童的任务。并且，家庭劳动所得收入中可支配收入为50.95万日元，在全国排名第三（总务省统计局发布的《家庭生计调查》）。房屋占有率在全国的排名也较靠前，物价则低于全国平均水平，从“宜居”的角度来看，确实名副其实。

富山县传统制造行业发展较好，医药品生产总值在全国名列前茅，还有不少知名企业，比如YKK、不二越等。另外，行业内首屈一指、市场份额占比较大的企业较多，这也是富山县的特色之一。例如，SAN-ETSU金属加工公司的相机镜头接口的生产占全世界市场份额的90%，富山村田制造所生产的用于高速通信技术的高性能手机零件“柔性电路板”几乎占了全世界的市场份额，实现了技术垄断。

笔者一直就富山县的雇佣问题进行采访，如今已经过去了10年。2004年，我发现公布的应届毕业生的非正式雇佣比例排行榜中，富山县的比例在全国各行政区中最低，于是我便有了追踪富山县的念头。

那么，究竟是什么原因使得富山县的非正式雇佣比例如此之低？通过采访，我发现这和当地政府的努力密不可分。比如，在富山县，国立、公立中学二年级的学生都需要参加当地企业开展的为期五天的职业体验，当地媒体称之为“十四岁的初挑战”，想必这样的体验一定可以为学生们的职业规划打下基础。

而且，从2005年开始，富山县就率先开展了“回老家就业”（U型就业）的相关讲座。原本，富山县人就努力勤奋，这种U型就业的推广也传承了他们的传统，发挥了他们的个性，并且每年都在不断完善。

建立优良中小企业与学生之间沟通的桥梁

在众多推广U型就业的活动中，2016年开展的“富山求职巴士旅行团”活动最能看出富山县的诚意。这一活动针对的是大学三年级学生，通过巴士旅行的方式来介绍富山县内两三家企业。活动设计了多条路线，每条路线最多20人。旅行期间还开展公司宣讲会、职场实习活动、与公司新职员的座谈会等。

笔者参加了2016年8月25日举行的旅行活动，并有机会进行了采访。活动的集合地是在JR高岗火车站，那天阳光明媚，集合前30分钟，学生们陆陆续续地到了。我同一位穿黑短裙白T恤的女学生打了个招呼："来得好早呀！"女学生认真地回答说："要是因为什么事迟到了可不好！"

我们坐上巴士，富山县工商劳动部劳动雇佣课的主任山本慎也先生亲切地向学生们介绍："正所谓百闻不如一见，我们这次活动还设置了提问环节，大家可以同邻座的人交换一下信息，希望大家在车上能够放松心情。"

早上9点半，车子驶到了北陆可口可乐瓶装厂。我们先简单地了解了公司的基本信息，随后参观了工厂。看到工厂的规模如此之大，学生们不禁大吃一惊。随后，在工厂的会议室召开了座谈会，学生们踊跃提问，解答问题的是一位回老家工作了三年的女职员。

第二家公司是一家建筑公司——石友之家。我们所有人都戴上了安全帽，随后工作人员带我们参观了建筑木材的加工现场。建筑领域通常囊括了各个行业，需要上万件产品来打造一项工程。人事招聘的负责人说道：“一家企业成立的前提是能够会聚众多人才。通过熟悉地方市场、扎根销售店铺，我们企业终于在富山县市场份额中名列第一。”该公司还派出三名回老家就业的新职员，向学生们讲述各自的求职经历。

最后参观的是成立100周年的铸造工厂能作（NOUSAKU）。能作公司原本是制作传统佛事用器具、茶具的公司，它通过创新设计，制造了可弯曲的餐具、日式酒杯等各种各样的新产品。如今，能作的产品销往日本全国各地，能作也因此成了十分畅销的品牌。学生们都认真倾听着公司负责人讲述能作的历史沿革。

公司的转折点发生在2001年。当时有一对母子来工厂参观，母亲对孩子说道：“看看，不好好学习，将来就只能成为工厂的师傅。”这句话传到了公司的社长——能作克治的耳朵里。他没想到手艺人的地位在大众的眼里这么低，觉得自己有责任改变这一现状，于是，他发奋图强，开始了新产品的研发，立志提高手艺人的地位。

最开始，他尝试利用金属锡清脆的声音来制作摇铃，结果销量不佳。接着，店员提议用这种材料制作风铃，于是他开始尝试制作风铃。风铃最初销量很好，但由于是应季商品，全年的销量并不乐观。之后，他打算挑战餐具的制作。

金属锡的优点是抗菌性强、不容易生锈，但它太柔软，很容易弯曲，如果做到不容易弯曲的厚度，那重量又太沉。经过一年的反复试验，他终于悟出："材料既然容易弯曲，那不如干脆做可弯曲的餐具！"这就是畅销商品KAGO的由来。KAGO既可以当水果篮，也可以当花瓶。公司原本只是一个由老手艺人组成的小作坊，随着这一商品销量的急速暴增，公司向东京、名古屋、大阪、福冈等大城市进军，还开设了直营门店。学生们听到这里，都被公司成长的故事深深吸引了。

社长的女儿兼公司董事千春小姐，就是回老家就业大军的一员。

"我大学毕业后，在时尚杂志社做了一名编辑。这份工作虽然看起来光鲜，但事实上成长的空间很小。因为公司员工较多、规模较大，能争取到的机会很少。于是，我一直在纠结到底是留在大城市继续工作，还是回富山县工作。"

学生们入迷地听着千春小姐的故事。千春最后决定离开神户，回富山县继承家业，她说，这也是考虑到今后结婚生子所做的决定。

"小公司才能够体验到各种各样的挑战。我现在的目标是让我的孩子为我骄傲，我希望有一天听到孩子对我说'妈妈的工作好棒啊！''我也想在能作公司工作。'"

让我印象深刻的是，许多女学生听到千春的经历，都积极提问。

这次巴士旅行中所参观的公司，都是由富山县特别选定的。当然，知名公司是容易让学生们感兴趣的，也是他们参加活动的原因之一。这样的方式能让学生们亲身体验到不太熟悉的领域，并通过推进UIJ型就业模式，能在学生与企业，特别是在细分市场中取得一定成绩的地方优秀中小企业之间建立一道桥梁。

就读于名古屋某大学的男生对此十分感兴趣，他说："我以前听说过石友之家的名字，但如果没有这样的机会，我甚至都不会去参加石友之家的企业宣讲会。今后，我还想参加企业的其他活动。"前面说到的山本慎也先生谈道："我希望大家多多关注富山县地方企业，也许这些企业，大家平时没有机会参观实习，这次巴士旅行是一个相互了解的好机会。"

从学生们的反馈中，我认为这次旅行的目的达到了。当下的社会，更加注重雇佣的质量。因此，这样的活动的确非常有必要。

"就职女孩加油站"的一课

富山县还有另外一项活动，那就是2015年11月开始举办的“就职女孩加油站”。这项活动在富山县、东京、名古屋、京都等都有举办。

主办方会邀请在富山县企业就职的女职员参加活动，读大学的女生们可以跟前辈们一边喝茶，一边在轻松的氛围中探讨企业的相关情况。活动有时会举行化妆小课堂，探讨如何化一个给面试官留下好印象的妆容，有时还会介绍实习的相关准备。总之，活动内容丰富，还会根据不同的情况做相应的调整。

2016年11月，笔者参加了“就职女孩加油站”东京会场的活动，富山县知事石井隆一向到场的20名女学生介绍了富山县的相关情况。

“众所周知，富山县是U型就业率较高的地区。无论是居住环境还是育儿环境、教育环境，富山县都在全国名列前茅。因此，富山县成为众多年轻女性首选的就业地。通过今天的介绍，希望大家充分了解富山县的优势。”

会场共设立了六张桌子，每张桌子围坐着一名企业负责人和三名学生，大家自由交谈。当天有六家企业受邀，分别是北陆银行、北陆电力、生产婴儿用品和床上用品的利其尔公司、开展超市业务的Albis公司、研发和制造电子部件的富山村田制作所、制造自动汽车和摩托车配件的田中精密工业等。

活动的氛围很轻松，学生们提问时也没有多余的顾虑。有一位学生甚至很直接地问道："如果工作的同时还要照顾孩子，公司方面会感到不满吗？"田中精密工业的负责人微笑着回答了这个问题："可以休了育儿假再回归职场，公司的同事也都是善解人意的。学生时代就能考虑到事业和家庭的兼顾，非常好！"另一桌，一位学生很坦率地问道："您有没有想过辞职？"这样的提问恐怕只有轻松的氛围才容易问出口吧，其他人听到这个问题后都不禁笑了。

这些活动也能有效地防止雇佣不匹配的发生。

利其尔公司的负责人这样说道："看到自己负责的产品摆在商店陈列架的时候，特别开心。我想告诉大家的是销售其实很有意思。"听到这番话，一位学生爽朗地说道："我的第一志愿原本是当地方公务员，之前参加了巴士旅行团的活动，觉得在私企工作也很有意思，所以这次报名参加了'就职女孩加油站'的活动。下次如果还有面向女学生的活动，我还要参加。"

当天，"就职女孩加油站"的活动结束后，"活力富山"就职讲座活动在附近的大楼举行。这一活动的主题仍然是知事亲自向大家介绍富山县。看着知事用精美的PPT激情澎湃地向来宾介绍宜居的富山县、世界最美的富山湾，学生们不禁感叹道："亲眼看到知事的机会不多啊！"石井隆一知事十分耐心和热情，几乎每次活动都会上台演讲。

我曾多次参加过“活力富山”就职讲座活动，每次活动会场里都很热闹。我想，正是这样遍布全国的就职活动，才避免了雇佣不匹配的发生，中年自由职业者的数量也得以减少。

富山县的这种推进U型就业的活动得到了广泛的开展。2017年2月，针对大学三年级学生，富山县第一次开展了以宣传行业及企业为目的的“回富山工作”职业论坛（大规模的行业研讨会）。有超过130名学生参加了这次活动，会场济济一堂，甚至一度还增加了座位。

这次论坛聚集了富山县30多家知名企业。倘若仅仅是学生们四处投简历，那跟普通的大规模企业宣讲会也没有什么差别，学生们理所当然地会倾向于知名企业，如此仍会产生雇佣不匹配。

而富山县的这次活动针对上述问题提出了改进措施。主办方先让与会的学生写下四家自己感兴趣的企业，然后进行统计并邀请其中的四家企业进行宣讲。而且，学生们在报名参加研讨会的时候，主办方也会向他们介绍巴士旅行团和“就职女孩加油站”的活动内容。巴士旅行团活动一般在研讨会后的一周举行，在研讨会召开之时，六条路线就已经满员了。

在“就职女孩加油站”活动现场，我曾经遇到过一位积极提问的女生，她是一所私立大学的在校生。我在另外两个活动现场，即“活力富山”就职讲座及“回富山工作”职业论坛上也都碰到了她。我和她交换了联系方式。后来，她联系我说，她被富山县知名制造工厂录用了。可见，富山县的政策的确取得了较好的效果。

避免重演中年自由职业者的悲剧

富山县还针对中小企业的人事部门经理开展了培训。

2016年，笔者参加了富山县举办的“富山县促进企业招聘的研修培训”，参加此次培训的有富山县各中小企业的30名人事部门经理，培训场内可以说是座无虚席。当下，雇佣市场是卖方市场，竞争激烈，因此，各企业的负责人都在努力学习相关招聘知识。

当天，负责研修的是Orange Mart公司的前董事辻素树先生。Orange Mart公司在富山县经营超市业务，辻先生担任董事之时，建立了新的雇佣制度，公司员工可以根据自己的人生规划来调整雇佣形式，兼职职员和正式职员可以自由转换。现在，辻先生是政府特聘职员，担任就职相关事业的顾问总监。

“在富山县的高中生中，50%的人都考上了大城市的高等学府，考取县内大学的人每年都在减少。我们所需要做的就是清楚学生们在哪儿就读，然后针对学生们开展招聘活动。”

辻先生向大家提出了建议。的确，富山县的高中生陆陆续续都去石川县、东京、爱知县、京都上了大学。这样一来，学生们势必要参加大学召开的企业宣讲会，企业也需要走进大学开展招聘活动。企业的人事部门负责人需要亲自前往学校的就业中心，与大学建立紧密联系。辻先生提出的建议正可以解决富山县所面临的问题。

当天的研修会上，来自东京的大谷茂先生向大家介绍了首都圈的招聘情况和学生们的应聘意向。大谷茂先生是国士馆大学就业促进支援中心的事务部长，也是全国私立大学就业指导研究会的会长（现在是副会长）。他指出：“许多学生是靠业余兼职来赚取生活费的，他们舍不得自掏腰包来富山，企业如果能承担一半的交通费，他们就会更积极地参加。”在场的企业人事部门负责人很耐心地听着大谷茂先生的意见。

事实上，对于富山县外学生的支援活动已经开始了。外地的学生，只要参加富山县举办的企业说明会累计两次以上，便可以申请交通补助，相关部门会补贴学生从居住地到会场的单程路费（一次），最多1万日元。

不仅仅是大学应届生，也有一些年轻人，在结婚生子之后，想回老家就业。针对这一群体也有不少活动企划，如“30岁的富山同学会”就是其中之一。该活动面向26岁至35岁的人群。针对这些人还会组织其他活动，如针对就业问题的“回老家就业小讲座”“富山大型同学会”等，从而为很多人提供一个信息共享与互相认识的平台和机会。

上文已经谈到过，我于十年前就对富山县的雇佣政策十分关心。当时，接受我采访的是山本慎也主任（当时的职位），之后他调到别的部门晋升为干部，后又调回了管理U型就业的部门。关于富山县开展的各种活动，山本先生这样评价道：“富山县高中毕业生的就业率基本可以达到100%，雷曼事件后也没有下降。县内中小企业的管理层即便在经济不景气的时候也会一如既往地招聘人才。而‘十四岁的挑战’活动，没有一个企业因为不景气而退出的，重视联络和往来才是我们富山县的特色。”

我们再来看富山县的U型就业率。2006年3月，U型就业率达到51.3%，2018年3月，增长至58.2%。当地政府一直站在政策适用对象的角度来思考问题、开展活动，这一数字也是稳扎稳打而结出的硕果。这些政策的实施控制住了中年自由职业者扩大的趋势，使得种种问题有所减缓。

另外，面对劳动力人口递减的趋势，我们希望这些政策能够覆盖到就业冰河期的一代人。某行业商社的社长说道："中年自由职业者们其实完全可以胜任工作。公司方面只要耐心地教导，他们的职业技能是可以培养的。"社长表现出了招聘的意愿，像这位社长一样的领导绝不是少数，我们也通过他们看到了未来的一丝希望。

2

称心如意的定制型雇佣

——以小野摄影为例

如果说可以按照每个人来设计工作方式，那么就有无限种可能。

工作模式有无限种可能

“如果说可以按照每个人来设计工作方式，那么就有无限种可能。”

小野摄影（位于茨城县常陆那珂市）的社长小野哲人提出了定制型雇佣，他会仔细询问社员的家庭情况，然后灵活安排每个人的工作。

该公司创办于1976年，原先只是一家街边的照相馆。由于照相技术的电子化以及智能手机的出现，摄影行业发生了巨大的变化，小野社长于2006年，也即30岁的时候继承了家业，开始探索一条多元发展的道路。

他从总公司独立出来，成立了一家规模较小的婚纱摄影公司，开启了婚纱摄影事业。之后，公司不断发展，创建了一个多功能中心“不期而遇”（Enchanté），集合了与婚礼相关的各种服务，比如小规模的婚礼教堂、摄影棚、礼服租赁、新娘美容沙龙等。除了在公司总部开设摄影棚外，还在神奈川县横滨市、千叶县柏市等各地开设了摄影棚，比如成人式[1]的和服摄影影楼“二十岁振袖馆Az”及面向家庭的影楼“Cocoa”。

截至2018年8月，共计拥有分店29家。以最近的营业额为例，2018年9月的决算高达16亿日元。公司共有正式职员108人，短期雇佣员工14人，临时工、兼职人员56人，共计178位员工。

总体来看，服务行业的离职率很高。根据厚生劳动省的《雇佣动向调查》（2017年），与生活相关的服务行业、娱乐行业的离职率高达22.1%，仅次于住宿业、餐饮业的30.0%。但另一方面，这些行业长期因人手不足而苦恼不已，人员流动较大。

小野社长称：“在服务行业工作的人，八成是女性。如果我们无法做到完善工作环境，女性就没办法兼顾家庭和事业并长久在这里工作，我们则无法留住人才。”因此，他创立了定制型的雇佣机制。具体来讲，公司允许员工在结婚和分娩的时候临时离职，根据每个人的差异创造自由度较高的工作方式。

家务劳动、照料孩子、家庭成员能否提供协助，由于各

[1] 日本每年一月的第二个星期一是成人日，依照日本法律，20岁成年，在成人日，年满20周岁的青年要行成年礼，女性通常会身着振袖，即出席典礼的正式和服。这里所说的振袖即为和服。——译者注

家的情况不同、价值观不同，实际情况都不太一样。有些人在单身的时候拼命工作，结婚生子后为了照顾孩子，想要每周只工作两三天，收入只要在法律规定的被扶养对象范围之内即可。即便是同一个人，单身、结婚、照顾孩子、看护老人，每个不同的人生阶段都需要不同的工作模式。再比如，有人觉得工作就是生活，这样的工作方式也完全没有问题。

避免生育离职的机制

小野社长说道："我们采用不同的工作模式，让每个人都能实现梦想。"

在他的公司中，每个正式职员每周全职工作五天，短期雇佣员工每周工作五天，但工作时间可以自己安排，比如从10点到16点、从13点到18点、从11点到17点等。有的员工不想让孩子待在家，也可以带孩子来上班。临时工则可以按照自己的时间来安排工作。

针对正式职员和短期雇佣员工，公司将会负担孩子上托儿所的一半费用。2018年2月开始，公司还启动了远程办公等，更好地完善了工作环境。同时，公司还会鼓励男性职员申请育儿假，并出现了男性员工请育儿假的首例。

对于想兼顾家庭和事业的女性，托儿所的电话恐怕是她们最不希望接到的。对此，小野社长这样说道：

“孩子37.5摄氏度左右的低烧，做母亲的肯定就十分担心了。我们需要做的就是在这种情况下，能让员工们放心大胆地请假。如果不创造优异的环境来消除职员照顾孩子的顾虑，那么就无法留住人才。

“对于单身的职员，只要考虑到自己将来的处境，也会互相关照的。在这一问题上，需要员工们互相理解、互相帮助。公司只有创造这样的氛围，员工们才能安心地做好工作。”

创造包容的工作环境，不仅能够提高企业的口碑，还能够成为支撑企业发展的动力。这也正是小野社长所希望的。同时，小野摄影公司还鼓励单亲妈妈发展事业，针对单亲爸爸或单亲妈妈的员工，企业会加倍地给予家族津贴等补贴。

小岛惠美在小野摄影公司已经工作了12年，她就是一名单亲妈妈。公司与她签的劳动合同是无固定期限合同，她是一名服装师，每天都要工作到晚上7点，回家的通勤时间还要一个小时，因此她只得将接送托儿所的两个孩子的事宜拜托给了自己的母亲。

周末是摄影公司生意最好的时候。小岛为了照顾孩子，选择周六休息，周日上班。每次孩子发烧要向公司请假的时候，小岛都会跟社长说“抱歉！给大家添麻烦了”。小野社长善解人意地安慰道：“没有办法嘛，大家都会遇到这种情况，等年轻职员要结婚生子了，你再帮她们一把就好了。”

“如果是正式职员，过了营业时间仍有客人未走，就不得不留下来加班。但我为了孩子，不能超过晚上7点，很长一段时间都是这样的。”

小岛原来是一名理发师，27岁的时候学习了婚礼发型设计，跳槽到了酒店的婚礼策划部门。在学习发型设计的同时，她也想学习一些和服穿法[1]的技能，但在她工作的宾馆，服装和美发是两个部门，她想重新找一份美发兼服装的工作，于是便来到了小野摄影。在美发行业，雇佣不稳定，也没有特别的福利待遇，而小野摄影能帮员工加入社会保险，于是，她迅速下定了决心。

她在公司不仅负责发型设计，还负责服装的采购、小配饰的搭配等。每年的成人日公司都会有十分重要的活动，小岛还要负责人员的分配，她根据手下员工的工作技能来安排

---

[1] 在日本，许多正式场合的和服穿搭通常需要持有资格证书的专业和服老师指教。——译者注

每个人需要负责的事项，有时候还负责员工的培训，倾听他们的烦恼，她俨然是一位职场上的知心姐姐了。

她还尝试着做童装设计。从衣服款式的设计到材料和配饰的选择，再到同裁缝师傅的讨论，她都尽心尽力。每当有客人夸奖她的设计“可爱”的时候，她打心里觉得开心。

“我是真的非常喜欢这份工作，能把爱好变成工作，这是非常幸运的。”小岛每一天都过得很充实。

据说，小野摄影除了小岛，还有五位女性。她们的孩子都还没上小学，她们做到了事业和家庭的平衡。

积极起用中年劳动力

日本的劳动力人口的确在缩减。根据总务省统计局的《劳动力调查》，2017年劳动力人口为6530万人（去除完全失业人口）。预计到2030年，劳动力人口将骤减至5880万人（瑞穗综合研究所）。对于企业而言，留住人才才是最关键的。

小野社长也对此表示了担忧。

“五年、十年后，服务行业还能够招聘到人吗？对于企业而言，如果不积极招用家庭主妇、育儿期的女性或者有空当期但仍旧有工作意愿的中年劳动力，企业将会停滞不前。能够争取到女性的企业才能够存留下来。”

“积极起用中年劳动力也是未来重要的一环，”小野社长接着说道，“经历过结婚生子的女性，她们成长了，再回到职场可能事业会发展得更好。由于生孩子暂时停止工作的女性，我也希望她们能够回归职场。下午5点下班回家的40多岁的女店长所选择的工作模式也是值得推崇的。”

一般来说，非应届毕业生在职场中的上升空间有限。但是在小野摄影，非应届毕业生也有机会晋升到部长。

自2015年度开始，人事部设立招聘专员，全权负责人员的招聘。之前，茨城县专科毕业生就业情况较为乐观，随着茨城县知名度的上升，茨城大学等四年制的大学毕业生的就业前景也有了较大改善。有的学生甚至拒绝了知名企业的录用通知，选择到茨城就业。今后，小野摄影会逐渐进军全国，仍然会贯彻人才录用政策，不断培育店长和管理层人才，在这里，员工不会因为性别和学历而受到不公平的对待。

企业只有依靠多样化的工作模式和多元化的职员，业绩才能稳步地增长。

上游企业的发展路线

上文已经说到，小野摄影原本只是一家普通的街边照相馆。小野社长大学毕业后就职于一家金融公司，原本无心继承家里的生意。后来，把街边照相馆打造成规模公司的想法改变了他。

之前的小野摄影接受各种各样的拍摄订单，比如七五三[1]的纪念照、成人仪式纪念照、结婚典礼照、学校纪念照、钢琴比赛照等。然而，小野社长认为，“十年后，没有个性的老式照相馆将会消失”，于是他于2006年独立开创了小规模的婚纱摄影业，开始了新的事业。

他的目标是建立一个能容纳30人至60人规模的婚礼礼堂。市面上现有的礼堂，大多是针对80人至100人规模的，他想创建自己的特色，建立面向少数人的婚礼礼堂。公司之所以创立多功能中心“不期而遇”，就是不满足于成为下游企业，而是想往上游企业发展。在婚庆行业，顾客不能自带婚纱，这已经成为一种独特的行规，这种规定导致公司常常

---

[1] 在日本，男孩3岁、5岁，女孩3岁、7岁时会于11月15日举行祝贺孩子成长的仪式。——译者注

会烦恼服装承包的问题。

小野社长想要摆脱这种服装承包，他说："前期投入就算背上上亿日元的负债，我们也要往上游企业路线前进，这样我们才有权利决定自己的服务价格。"因此，比如成人仪式纪念照的拍摄，如果想要进一步商业化，就不应该将服装承包给其他服装店，而是应该由自己来提供服装租赁服务，形成服装和美容一条龙服务，这样不仅能提高服务质量，也能有效降低成本。对于顾客而言，没有中间差价，价格自然就会降低。据调查，婚庆相关的市场份额达到2.5兆日元（矢野经济研究所），小野摄影的策略能够开发出足够大的市场。

小野社长上任五年左右的时候，公司遭遇了危机。连续两个季度亏损，董事们一分钱没挣到，反而还得把存款投进公司。然而，多功能中心"不期而遇"的成立扭转了局面，成人式的和服摄影影楼"二十岁振袖馆Az"也开始营业，公司还出版了在这里拍摄的写真集《二十岁图鉴》，受到了广泛的关注。

摄影棚建立之初主打的是七五三和全家福套餐。1995年开始的会员制"lovely story"也持久地赢得了众多顾客，受到了一致好评。许多顾客每年都会来拍一次照，光是总店就拥有5400组客人，其中不乏茨城县之外的客人，如兵库县的客人。圣诞节、万圣节时，顾客源源不断，有的客人全家都会穿上“威利在哪里”[1]的衣服，或是一起穿上棒球制服，拍上几张欢乐的全家福。

面向家庭的摄影棚“Cocoa”主打包租式摄影，可以让顾客更悠闲地拍摄照片。无论是孩子哭泣的样子还是打闹的样子，这里都能留住最真实的瞬间。2012年1号店在茨城县开业，六年间，首都圈共开了九家店铺。

在婚庆项目中，许多新人刚刚决定举办婚礼，还不知道做些什么，公司会耐心地给顾客提供意见，宛如结婚情报杂志“ゼクシィ”[2]的现实版。

在“不期而遇”礼堂结婚的夫妇，等他们有了孩子，也会在七五三、孩子成人仪式的时候再次光顾摄影棚。小野摄影的目标就是要“见证顾客的一生”。

小野摄影的聘用策略

小野摄影如今的营业额有一半归功于婚纱摄影，公司正按照每期20%的成长目标制订相应的应聘计划，大胆地

[1] 英国插画家创作的儿童书籍。——译者注

[2] ゼクシィ是日本著名的月刊杂志，每月定期更新各地的婚庆等相关信息。——译者注

引进人才，争取到2030年营业额达到100亿日元。为了实现中长期的发展计划，企业在应届毕业生的招聘上率先做出规划。

按照公司的业务规模，每年招聘应届毕业生10人左右即可。但考虑到扩充人才队伍后又会新开分店，因此小野摄影每年招聘15人至20人。不论是U型就业还是I型就业，情况都不错。

当下，由于劳动力不足，我们将迎来“雇佣破产”的时代。但是小野社长说，我们将更早迎来“人事破产”的时代。

“对于服务行业而言，人是必不可少的资源。没有魅力的企业就招聘不到人。大家只有同乘一条船才能一起迈步前进。对于员工来说，进入公司就职还要能带来兴奋感和成就感。如果仅仅想着赚钱，那么这份工作不适合你。人不应该只为了加薪升职而工作，还应当能够清楚地审视自己的工作状态，这是很重要的。”

在茨城县本地的一家人才介绍公司中负责转职项目的青木达雄，这样说道：

“像小野摄影这样的企业，是愿意在人才招聘上花费精力和成本的。它会多次举行应届生招聘宣讲会、企业说明会，以创造双方的沟通机会。社会上，总有那么些管理者，嘴上称‘人才是宝’，但实际上并没有重用人才。中小企业需要做好从头开始培养新人的心理准备。业绩不断增长的企业，通常也是重用人才的企业。

“在中小城市，其实有许多有魅力的企业，然而接受I型就业的企业并不多。并且，许多中小企业特意在大企业的招聘活动之后进行宣传，为的就是招到在大企业面试中落败的应聘者。然而，这些奋战的中小企业在与大企业的较量中，往往落败，很难招到人才。我们应该思考的是为什么自家公司没被选中，这样的思考才能推动企业进步。这样的企业增多了，当地的经济才会发展。”

就业宣讲会上的一课

2017年4月，笔者参加了在东京都内举行的小野摄影的应届生招聘宣讲会。会场有131位大学生参加。宣讲会开始后，会场气氛反而没之前那么紧张了，人事部的堀越爱加给学生们发了调查问卷，还亲切地和学生们打着招呼。

“今天有很多来自神奈川县的学生。我来自茨城县的常陆那珂市，位于水户市的旁边。我们公司创立于1976年7月，已经走过了40个年头。社员人数共有165人，包括了兼职人员和临时工。今年4月，我们又在二子玉川开了新的分店。”

学生们神情贯注，一边认真地听着，一边仔细地记着笔记。“大家听到摄影公司，可能会认为这是一份非常需要专门技能的工作，但是我认为，比起有没有学过专业知识，兴趣更为重要。很多职员原本也没有资格证书，但他们现在都能够独当一面地完成工作。三年前，我们公司还只有一家总店，2017年4月增加至21家店铺。在我们公司，年轻的职员也能够大显身手、不断进步，并且公司致力于‘见证顾客的一生’，希望能够展望未来的幸福。”堀越向学生们这样介绍道。

随后，小野社长又说道：“和什么人一起工作是非常重要的事。人生中七至八成的时间都要在公司度过，那么今后的人生，你要在哪家企业度过呢？今天我们在校园宣讲会上介绍了公司以及我的想法，希望大家可以自己来判断我们的公司。”

小野社长为继承家族企业，想学习真正的摄影技术，于是选择去美国留学，那时，正好发生了新潟县越冲地震。他说，当时在网上看到地震的报道，灾区的人们逃出来的时候，带在身上的不是钱包也不是手机，而是照片。在生死关头，人们拿起的竟是照片。一张照片，可以让人们在今后的岁月中坚强地活下去，这就是照片的价值。那时的他，真切地感受到了照片的价值。

“我们贩卖的不是照片，是看到照片时的那种感动，也是拍摄那一刻的喜悦。照片的价值，在10年、20年后仍会继续。真正想要将照片的价值传递给社会的人，我希望你们能继续关注我们公司。在宣讲会上有许多家公司，它们就好比一艘艘船，小野摄影的这艘集体之船，你们要不要加入，与我们一起扬帆起航呢？”

最终，有22个人加入了小野摄影，他们从2018年4月开始正式工作。

“我是不会从这家公司辞职的”

参加宣讲会的既有入公司七年的职员，也有入公司一年的职员。应届毕业进入公司的大津祐佳，现已被提拔为店长。她出生在茨城县，毕业于当地的大学。当时，她的朋友们都选择了大公司。

母亲希望她考公务员。她决定进入小野摄影的时候，母亲直截了当地说道：“你就这么妥协了，进小野摄影公司了是吗？”大津虽然心有不甘，但她坚定了自己的选择，因此决定通过自己的努力帮助公司做大。

学生们问大津：“让您下决心进入小野摄影的决定性因

素是什么?”面对这么直白的提问，大津感同身受地说道:“虽然我也不太清楚，但有一点可以确定，小野摄影让我兴奋，我认为它是我最好的选择。一轮一轮地进入面试，我就越发喜欢它。面试的时候，面试官问我为什么参加志愿者社团，我说是因为有一位帅气的学长，没想到公司竟认同了我拙笨的回答。我可以以真实的自己来接受挑战，因此我觉得这家公司就是我最好的选择。”

大津于2016年4月进入公司工作，仅仅半年就成了“二十岁振袖馆 Az Marui Family 沟口分店”的店长。在特别焦虑或者压力大的时候，她就会找前辈商量。有一次凌晨1点半，她打电话给前辈，前辈陪她聊了一个小时，她整理好情绪，决定“不气馁，做好自己”。她的父亲在银行工作，有一天父亲随口说道:“最近小野摄影好像很厉害啊!”她听后觉得十分欣慰。

大津最初找工作的时候，就下决心要全力以赴，一辈子在职场打拼。至于今后如果结了婚，工作到底要怎么办，她自己也没想清楚。母亲在她小的时候辞去了护士的工作，成了一名全职家庭主妇。她对母亲的这一决定一直心怀感激。今后的路她不知道会怎样，但她坚信:“我是不会从这家公司辞职的。据说公司可以选择工作模式，我不再担忧了。我要和公司一起成长。”

公司要建立的是一起工作的伙伴团队，所以小野社长说道：“我们在招聘人才上拼尽了全力。”

我认为，这绝没有夸大其词。

3

社长的任务是“慧眼识珠”

——以Noble Home公司为例

社长的使命就是要知人善任。没有人的成长就没有企业的成长。要挖掘出人的可能性，社长的任务就是为他们的成长铺路。

“公司只有培育人才才能取得成功”

我要介绍的另一家公司是茨城县的建筑公司Noble Home，该公司依靠着贯彻社长的使命——“慧眼识珠”地选拔人才，业绩方面一直有所增长。

福井英治社长这样断言道：“社长的使命就是要知人善任。在招聘中，要能够洞察对方的能力和性格。在人事管理上，要能够了解职员的工作状态和为人处世。我六成的时间都在观察人。没有人的成长就没有企业的成长。要挖掘出人的可能性，社长的任务就是为他们的成长铺路。”

Noble Home公司成立于1994年，由福井社长创办。公司的业务是提供房屋定制、设计、施工管理及售后服务等与房屋相关的一条龙服务。总公司位于茨城县水户市，截至2018年4月，共有员工371人。公司以茨城县为中心，在包括栃木县在内的18个地区设置了展示场馆。2018年10月，公司还打入千叶县市场，逐渐扩大了规模。

公司的业绩十分不错。2015年9月，营业额达到128.42亿日元；2016年9月，同比增长了3%，达到132.4亿日元；

2017年9月，又同比增长了20%，达到161.1亿日元。

公司试图打造舒心的住宅，所负责的建筑项目高端大气又富有设计性。公司本着满足顾客的生活需求的原则来打造房屋的布局，在装修以及设计上得到了不少好评。公司打造了众多精品，比如重视自然材料使用的和式现代化住宅“季乃家”、克服了难度较高的落地窗通风问题的高级住宅“GRADIA”、性价比较高的住宅“CELES”等。公司的主打业务是定制房屋业务、建设和销售房屋业务、分割出让土地业务和不动产中介业务，除此之外还开展了集合住宅和一户建租赁业务、装修业务、保险和金融业务、室内装潢业务等。

通常来说，业务范围越小，公司经营就越容易。然而，Noble Home公司重视的是产品构成的多样化。公司认为，耗费精力所建造的房子会使顾客的期待值上升。因此在设计和性能上一个都不放松，并追求高性价比，创建理想的住宅，这才是员工团队通力合作向客户所提供的优质服务。

福井社长这样说道：“企业的成长，需要有新员工的加入。有新产品、有新员工，这是非常重要的。要真正建造‘让每个顾客满意’的房子，需要一些非理性的因素。这种非理性正是我们的努力方向，也正是我们公司的独特之处。因此，员工才是我们公司优势之所在。我认为公司只有培育人才才能取得成功。”

Noble Home公司每年定制房屋的合同签订数量、签订率是同行业其他公司的两倍，占茨城县内市场份额的5%。公司成立以来，在茨城县内打造了4500栋房屋，在茨城县建筑完工栋数排行榜上，多次获得第一名的成绩。公司的利润率良好、经常利润[1]率在2016年9月达到9.1%，2019年9月达到10.1%。公司的目标是力争到2024年，营业额达到500亿日元（市场份额占比为20%），员工数量达750人。

Noble Home公司的招聘策略

那么，对公司而言十分重要的招聘是怎样运作的呢？

这几年，公司每年招聘应届毕业生20人至30人、非应届毕业生70人至80人。2017年4月开始，招聘有意愿从事木工的员工，并计划增加木工人数。除此之外，公司还实行了员工介绍、推荐制的应聘考核制度，导入了“推选聘用”制度。这种聘用制度提高了录用率，今后也会继续推行。

福井社长说道，在招聘和人事上绝不能马虎，“只有培育人才才能促进企业的发展，而社长的责任就在于言出必行地去执行”。很多时候，社长会亲自参与企业的招聘活动。

[1] 经常利润是指营业利润与营业外利润之和。——译者注

比如说，在面向应届生的联合宣讲会中，社长通常会详细介绍公司的理念，同时进行第一次筛选。经过第二次、第三次筛选后，社长直接面试学生。面试时一般会提这样的问题：为什么选择现在的这所大学？为什么想在Noble Home公司工作？在人生的分岔路口，你如何做决定？30岁时，你想成为怎样的自己？福井社长在面试中关注的是，在之前的经历中，应聘者是如何做决定的，在团体中又是如何努力的。

对于房地产行业来说，甄别能力非常重要，经营何种房产直接决定公司的业绩。福井社长曾说，对于房产的甄别和对于人的甄别息息相关。公司发放录用通知书的时候，社长会亲自将录用通知书交到应聘者手里。

企业在招聘应届生时面临的最强劲的竞争者是当地的金融单位。银行的工作对很多学生来说是金饭碗，对此福井社长表示："能感受到我们公司的魅力、员工的魅力的人自然会来。"

招聘企划科的大竹祐次科长这样谈道："为了让更多人看到公司的魅力，我们需要向他们展示业务的稳定性和未来的前景，其中也包括员工和人事制度的魅力。很多人以为建筑公司的卖点是硬件，其实不然，营销上人的魅力也是不可或缺的。原本有一些人对建筑行业并没有什么兴趣，但通过招聘面试，因为受公司员工魅力的感染而选择加入。"

实际上，2012年4月进入公司招聘企划科工作的东茜便是其中之一。她找工作时，在Noble Home和当地的银行之间难以取舍。关于最终选择Noble Home的原因，她是这样说的："我通过接触社长和人事主管，被Noble Home吸引了。即便我进了银行，也只是众多一般职位中不起眼的一个。但是在Noble Home，我觉得这里有属于我的事业。"

在招聘面试中，让应聘者印象深刻的是，社长从最开始就跟大家在一起，耐心地回答大家的提问。进入公司之后，社长也是平易近人，会倾听员工们的烦恼，十分和蔼可亲。

福井社长每周会安排三次会议（或者面谈），以适度缩短与员工们的距离。而且，公司设有日报，员工可以在上面表达自己对同事的感谢，日报现如今可以通过网上浏览了。员工之间良好的人际关系是建立紧密的团队协作的关键。福井社长每天通过日报尽可能多地掌握公司的相关情况。

从福井社长的身上，我们可以看出他对员工招聘工作的重视和认真负责。

远远低于行业平均水平的离职率

房地产行业的离职率较高。根据厚生劳动省的调查，不动产、不动产之外的租赁行业入公司三年之内的离职率，以2014年3月的大学应届毕业生为例，为34.9%。然而，Noble

Home的离职率还不到20%。这是因为公司积极推进团队合作以调动员工的积极性，并且不强制要求过多的销售绩效考核。

从调动积极性这一点来看，除了以日报来“表达感激之情”外，每天的晨会，公司还会组织员工互相击掌，通过各种各样的方式建立团队意识。此外，还会定期举办“各部门派对”，促进员工之间的交流。

福井社长曾是高中的教导主任，兼任棒球部的教练，这种提高团队协作的方法多多少少受到了以往工作的启发。他说，仔细审视每个个体的能力，物尽其才，人尽其用，按照每个人的能力组建团队才能使成果最大化，在这点上，教练和社长是一样的。“要看清每个人的优势和弱势，爱好什么、是如何得到别人信赖的。在此基础上，再决定该员工适合哪个领域，怎样改变才能获得成长。充分调动每一个员工的积极性，以团队力量帮助每一个人成长才是非常重要的。而管理者就是要将团队的成果最大化。”

顺便说一下，Noble Home公司每年8月会举行“Noble Home杯”少年棒球比赛，县内有130多支队伍参加，算是每年的重大活动之一。被录取的员工也可以参加，这样，在正式入职前，新人就能够有机会跟公司的前辈交流，减少进入社会的不安。

除此之外，公司从2012年开始还设立了“帮助制度”，切实地缓解了离职问题。比如，刚进公司的新人在最初的两三年时间，都会有一位前辈一起跟进。新人有时不会用打印机，自己一个人左右为难却不敢开口问。公司的这种制度使得每个新员工都有一位可以商量的前辈。并且，这种帮助是一种团队帮助，每个团队配有一位负责人，这样每个人都要跟进一位员工，也就是说，这种“帮助制度”使得大家互相帮助，离职率自然而然就降低了。

房地产行业离职率高的另一大原因是严苛的销售绩效考核。关于这个问题，大竹科长说：“可以说，能不能卖出房子是决定销售岗位业绩的重要因素。公司想要提高营业额，销售的努力必不可缺。”Noble Home的目标就是创造一个能够放心进行销售的环境。因此，公司在保证员工的基本工资的同时，还导入了提成机制，按照员工一年内定制房屋的成交量来计算奖金。

具体来说，倘若某位员工一户也没有卖出去，也可以保证360万日元的年收入，在此基础上导入提成制度：若一年卖出12户，年收入就达到600万日元；卖出14户，年收入达700万日元；卖出16户，年收入达800万日元；卖出20户，则有1000万日元。按照这一方式提成，员工们就能更好地制订销售计划，公司评定也会十分公允。

除此之外，为了提高员工的职业技能，公司在2013年还创立了“Job rotation制度”，积极地进行各岗位轮换。“Job rotation制度”发掘出了许多员工的新技能，也便于今后培养和选拔候补干部。

2013年4月进入公司的欠畑爱，原本在应聘的时候选择了销售岗位。进入公司之后，被调到室内装修设计部门，之后她慢慢适应了新岗位。通过岗位轮换，她也学到了贷款和保险相关的知识。“之前我一直没有机会接触保险方面的知识，真正到这个岗位实践后，我才意识到这也是一门大学问。保险是仅次于房子的高额支出，对顾客而言也是以备不时之需。Noble Home可以向顾客提供这样的一站式服务非常棒。”

欠畑爱说话的时候眼里闪烁着光芒，她兴奋地向我述说了公司良好的氛围：“在我们公司，女性也可以安心工作，销售岗位的稳定率达到了80%。在公司，通过聚餐和社团活动，员工之间建立了良好的人际关系。”

百分之百的育儿假休假率

招聘企划科大竹科长这样解释了培养人才的重要性。

“为了使企业每年的增长率保持在20%至30%，我们需要在招聘和培养人才上尽最大的努力。而且，在房屋销售上，许多女性也作出了很大贡献，我们需要女性的力量。因此，为了能让员工兼顾育儿和工作，公司积极推进短时间劳动模式及在家远程办公。今后还将计划在公司内部建立托儿所。”

女性生了孩子后，看问题的角度有所改变，其实在许多方面是有利于工作的。在Noble Home公司，育儿假期满后，女性基本都回归了职场，另有五成的女性体验过育儿期短时间工作模式。算上托儿所接送孩子的时间，每天只需工作五小时，还可以申请弹性工作时间。当然，待遇不变。如果对于自己身体恢复没有自信的话，还可以在回归职场后临时申请兼职工作模式，逐渐适应后，再重新回到正常的工作状态，这种工作方法也是可行的。

如果接待顾客时，正好接到通知说孩子发烧了，这时候员工就会面临家庭和工作的两难。在这种情况下，Noble Home公司会充分考虑员工的情况，将员工调到建筑房屋的产品研发等部门，让他们可以按照自己的意愿选择岗位。

目前正处于育儿期的舟生有希，2010年4月进入公司，25岁和同事恋爱、结婚，之后很快就有了孩子。她在进公司时是一名临时员工，因此当时十分担心自己今后的工作。她不知道公司会不会让她工作到临近分娩，忧虑如果之后要照顾孩子还能否继续工作。总之，种种顾虑让当时的她十分焦虑。在休育儿假的时候，她意识到自己对于工作的喜爱。于是，休完育儿假后，她就回归了职场。

回归职场后，除了每周日、法定节假日休假，她每周三也都会休息。孩子生病的时候，她也不得不请假，因此，她没有再负责顾客的接待工作，而是去了产品研发部门。生孩子之前，她就下定决心仍要继续工作，回归职场后能被公司分配到一个新的部门，她十分感谢公司的照顾，这也让她增长了见识。通过生孩子、照顾孩子，舟生对房子的看法也有了变化。她开始意识到室内装修中有助于家务劳动、照料孩子的动线设计问题，结合产品的发展方向和未来人们的需求，她开始探索一些新产品。

舟生说，是职场上伙伴的扶持让自己能够继续工作。“公司有一些前辈，平时也不怎么夸奖别人，但有一位前辈在公司的日报上点名夸奖了我，我十分感动。我深深地感受到，原来前辈们在背后默默地关心着我们，对我们给予理解。未来即便遇到艰难困苦，我还是会全力以赴。”

我在采访的时候，很多员工都表示，“能进入 Noble Home 工作真是太好了”。也许这正是福井社长努力向员工宣扬“团队协作努力”的精神（这也是棒球队所信奉的）而收到的成效吧。日本企业精神逐渐被忘记，但在我看来，这才是最重要的企业精神。

4

“制造业×女性”的最前线

公司十分重视“三心”，也即“发现之心”“包容之心”以及“共同成长之心”。女性也能安心工作的环境，才能为公司带来良性循环。

年功序列[1]让企业更强大——以AVEX公司为例

有一家企业，并没有把“Japan as No.1”当作一句空谈，而是一步一个脚印地提升业务水平，一方面面向海外市场做好“百分之百日本制造”，另一方面坚持着典型的日本式雇佣模式。

它就是位于爱知县名古屋市的AVEX公司，一家以汽车零部件加工为主的公司，主要制造和销售高精度切削的小零件和磨削的加工零件。公司的加藤丈典社长明确地说道：“保障年功序列的薪资体系以及长期雇佣，两者结合才能创造出高附加值的产品。”

该公司最成功的产品就是自动变速器的组成部件制造。这一产品能够把引擎的动力以最佳方式传送到轮胎，以达到舒适的行驶状态，是汽车上不可或缺的。主打产品“滑阀”占世界市场份额的8%，“线性电磁柱塞”占市场份额的

[1] 年功序列是指按照工龄和年龄来决定岗位的地位和收入，是日本典型的雇佣形态。——译者注

5%。主要的合作公司都是世界上市场份额数一数二的汽车零件制造公司。

高精度切削需要精准的技术。这个领域要精确到正负2微米（0.002毫米）。加藤社长骄傲地说："目前，只有日本的技术能达到这个精度。"

扎根地方是AVEX公司的方针，公司积极推进地方的招聘工作，坚持百分之百日本制造。同时，制造业讲求的是日积月累，而技术是在长期工作中不断积累的，因此公司不雇佣派遣职员，这是因为人员的流动会导致技术无法积累及传承。公司认为，追求企业长期发展就要启用直接雇佣模式，因此一直坚守终身雇佣制。

从薪资方面也能看出公司的理念。当下，几乎所有行业都导入了结果主义，但AVEX公司始终坚持年功序列的薪资体系。制造行业需要团队合作才能完成，而个体竞争下的结果主义导致员工不想分享自己的技术。倘若无法让员工互相分享和交流技术，那么技术的传承则无法实现。因此，对于AVEX公司而言，结果主义是不合理的，年功序列才是正确的选择。

国内市场的发展并不乐观，而海外市场则稳定增长，"购买品质较好的产品"的需求值得期待。因此，AVEX公司想要以高精度的产品打开海外市场。公司坚信，只有人才能保障技术的持续发展。加藤社长自信地说道："人力资源就是公司的资本。通过好好培育社员，提高产品价值，才能在价格上取得胜利。"

扎根于地方的雇佣模式，不仅能让公司为员工提供通勤方面的便利，而且也使公司在地方上人气较高，能够得到地方的关注。有时经济不景气，订单减少，即便如此公司也不会轻易裁员。只要聘用了员工，公司就要负责他的一生。

实际上，2008年雷曼事件后，许多公司业绩下滑，但AVEX公司并未曾裁员，甚至连工资待遇也没有改变。不仅如此，公司还给员工发放了与前一年相同数额的奖金。雷曼事件过后仅三年，AVEX公司就恢复到了雷曼事件之前的业绩水平。此后，业绩不断增长，10年间销售额达到了原先的5倍，员工人数达到了原先的4倍。2017年度的销售额达到了67.7亿日元，2018年5月员工人数达到了400人（正式职员和临时职员几乎各占一半）。

曾经有一段时间，由于订单数增加，员工的加班越来越频繁，因此辞职的员工逐渐增加。AVEX公司针对离职原因进行了问卷调查，调查显示，员工大多并不是因为对收入不满而辞职，而是因为体力不支。据说，当时有许多员工每周加班时长甚至超过了40小时。

因此，AVEX公司为减少员工的劳动时间，选择增加人手。公司不仅贯彻了每周五按时下班制度，还保证了每位员工每个月都能够享受一天的带薪休假。通过这些努力，离职率大大降低。正式职员的离职率在2011年度为13.2%，2012年度为12.1%，2013年度为7.8%，2014年度为5.5%，最近一直稳定在5%至6%。

对于这样的经历，加藤社长感受强烈，他说："当下，劳动力人口逐渐递减，如今的时代已是企业被甄选的时代。越是中小型企业，越应当改变策略，让应聘者真心实意地选择在这里工作。"

"不要说一切为了公司"

AVEX公司针对有意愿从事制造业的员工以及认同公司经营理念的员工，都会实行"终身雇佣"。正式职员到60岁退休，60岁以上仍有意愿工作的人，公司会以临时职员的身份返聘，并且没有年龄限制。现在，AVEX公司中最年长的临时职员已经77岁了。

公司招聘之初，不会根据男女、文理科来区别对待。10年来，女性职员的数量不断增多。不仅如此，公司还会在应届生中招聘文科女生，培养她们学习技术知识。接受培训的职员，可以决定自己的规划。

无论是正式职员还是临时职员，公司申请育儿休假的百分比达到了100%，也就是说在育儿假问题上，正式雇佣和非正式雇佣没有差别。而且，回归职场后，如果孩子还在上小学阶段，可以申请短时间工作模式，每天从上午9点工作到下午4点。如果因为照料孩子或者身体原因难以在工厂流水线工作，也可以申请暂时调到文书职位。公司的一位临时职员多次申请了育儿假，养育了三个孩子。

女性也能安心工作的环境，才能为公司带来良性循环。

比如，七年前，某位女职员提出的企划案就非常有趣，她观察到来日本旅游的游客越来越多，提议针对外国的企业家、经营家开展工厂参观等相关业务。参观时间每次2小时，费用共计10万日元。公司随后成立了“工厂见习业务组”。每年来工厂见习参观的企业人员超过3500人，分别来自世界30多个国家。

AVEX公司今后也要不断提高女性职员的占比，争取达到总员工数的四成左右。想要制造高精度的产品，就需要人来增加产品附加值。加藤社长对此表示，在不久的将来，希望公司的营业额达到100亿日元。他接着说道：“每一个个体都有未曾被发掘的潜能，而挖掘每个人的潜能正是企业的使命。”

在AVEX公司，公司十分重视“三心”，也即“发现之心”“包容之心”以及“共同成长之心”。

发现问题、发现异常、发现地面上丢弃着的垃圾，这些小小的发现，会让公司中潜在的需要解决的问题浮出水面。发现了潜在的需要解决的问题，就可以动员所有人一齐去改善、去努力。因此，公司把发现看作是改善的第一步。

除此之外，即便能力再强的员工，一个人的努力也是有限的，并且也无法让整个公司更上一层楼。因此，充分尊重团队伙伴的意见，包容每个个体是非常重要的。这样才能够诞生新的想法，才能够创造一个与时俱进的公司。

与此同时，为了公司的长久发展，理念和技能的传承也十分必要。既要“向他人请教”，也要“教授他人”，员工通过自己的亲身经历，与公司共同成长，共同培养培育人才。因为他们相信每个人的成长和企业的成长密不可分。

从AVEX公司的努力来看，公司有着强烈的信念——“员工的成长就是公司的成长”。

加藤社长这样说道：“我不希望员工说一切为了公司，我想看到他们为了自己而工作。”

重视人才的企业才能持续100年。这正体现了本书第二章最后部分介绍的“going concern”（持续经营）理念，AVEX公司是贯彻这一理念的典范。

在生产一线打拼的女性们——以协和工业公司为例

除了AVEX公司，在制造业里，积极录用女性的公司还有协和工业公司（爱知县大府市）。该公司还设立了仅限女性员工的制造加工小组，以不断提高女性在制造业一线的参与度。

协和工业公司是制造“万向节”的专业制造企业。所谓“节”，就是应用于拖拉机、滚筒输送机、可移动式床铺等产品中的使其实现可弯曲、可传动的机械连接部件。汽车相关部件产量大约占协和工业公司总产量的五成，主打产品“万向节”和“转向节”是汽车、工业机械中必要的零部件，它们能够帮助汽车等自由地改变动力传输。汽车重要的安全必备的零部件开发以及检修等都是公司的业务范围。

协和工业公司坚持100%自主制造，是世界上第一次通过冷锻技术开发出“转向节”的制造公司。如今，协和工业公司几乎垄断了市场，并且没有停止实行技术革新，这样就使得新公司很难再分一杯羹，甚至做到了提到“转向节”便让人想到它。

2010年，协和工业公司打入泰国市场，以此为契机，

2011年打入中国市场，2015年又在泰国建立了第二家工厂，逐渐扩大了市场。截至2018年8月，该公司员工人数达到166人，其中女性53人、男性113人。

协和工业公司是一家积极聘用女员工的制造业企业。公司的福泽保基常任顾问这样说道：“以前，除了部分文职，公司基本上不录用女员工。但在五年前，公司一线的岗位开始招聘女性。从那时开始，我们意识到女性的细心也非常适合制造行业。”

女性从事一线工作，她们的关注点有所不同，这样一来公司许多方面可以得到改善。比如，我们一致认为男性能够搬运更重的物品，但实际上，女性也可以通过其他方式实现物品的转移。某位女员工向公司提交了以《无须搬运重物品的提案》为题的工程企划案。随着方案的实施，公司产品的流水线得到了改善，残次品的对应处理方式也变得容易了。而且，公司环境得到了整顿，工具重新进行了配置，使用变得更加便利，工作效率也得到了提高。

鬼头佑治社长骄傲地说道：“从男性的角度出发，总会有意识地认为，女性只能干某些限定性的工作。然而，通过在流水线上建立女性小组，制造业的文化得到了改变和发展。”

在公司一线工作的第一期女员工中，有1995年出生的石川侑麻，她高中毕业后就进了这家公司。她说小学的时候通过社会学科的实习曾经参观过丰田汽车的总公司，从此就对汽车行业十分感兴趣。

她说进入公司工作的时候，内心非常兴奋，“第一次操作机器，比想象得更为有趣。给产品涂树脂这样一道简单的工序，只要稍微有些涂不匀，产品表面就会凹凸不平，就成了次品。也就是说，这份工作要求绝对的准确。这对我来说，非常具有挑战性，也很有趣”。

“找到适合自己的工作”

石川还记得自己刚入公司的时候，社长对她说过，“找到适合自己的工作内容”。每个月，员工都有和社长交流的机会。生产产品并不是工作的一切。她意识到在许多方面也需要不断地努力。比如，团队如何更好地协作，如何互相帮助、取得信任等。

协和工业公司也推出过许多促进员工成长的方案。

石川进入公司两年后职位有所变化，她调到了负责制订生产计划的岗位上，同时开始负责教授公司新员工相关知识。除此之外，她还参加了外部研修的厂长培训班。在那里，她不仅学习到了质量管理等方面的知识，还参加了“生活方式和事业发展规划的未来蓝图”的研修课程，工作积极性有了较大提高。

而且，为了培育青年管理者，鬼头社长对职员进行一对一的业务改善指导。每月举行一次“四不可”面谈。所谓“四不可”，是指不可着急、不可放弃、不可指望别人、不可后悔。鬼头社长说制造业企业的本质就在于Q（品质）、C（成本）、D（交货期）、S（安全）和E（环境）。在这些方面，协和工业公司做得比其他公司更为优秀。因此“四不可”面谈就是要培育能够解决问题的人才。公司对提出创新性改革方案的员工会实施奖励。

石川兴奋地谈道：“遇到问题而无法生产产品的时候，通过寻找原因来解决问题，这样会有一种成就感，也会感受到制造业的有趣之处。”

她说当时负责生产线的时候，最后一道工序是机器自动把产品排列整齐，如果排列混乱，产品东倒西歪，就容易产生残次品。而排列出现混乱的原因在于排列产品的机械手耗损严重，从而导致坐标错乱。因此只要修整好机器，问题就解决了。

“四不可”面谈对社长而言也是一种勉励。作为经营者或管理者，很容易产生“还不如我自己做效率更高”的想法。

为什么公司要倾尽全力培养员工呢？面对我的这一问题，鬼头社长十分肯定地给了我这样的答复。

“让别人来协助自己工作，并非容易之事。而且，公司即便生产了品质较高的产品，也不见得卖得好。倘若无法满足顾客的需求，产品就卖不出去。我们需要做的是，在生产高品质产品的同时，思考如何改变制造业的文化。因此，人才是必要的，女性管理者更是必需的。”

鬼头社长继续说道：“如果我们的产品哪里都能制造，我们就无法留住人才。”同时，他还指出：“想要保证公司的创新性，需要让员工们趁年轻时多多挑战。我们想培养的是有独立能力的职员。”

协和工业公司的许多工作都会指派给有责任感的青年员工。经济产业部自2005年起，支援开展了“厂长培训班”，主要针对的是40岁以上的员工，而协和工业公司派出过25名员工参加培训。这正体现了公司对青年员工成长的期待。以“厂长培训班”为契机，公司取消了参加者的年龄限制。

现在，公司还在开发医用机器人，这种机器人需要一种

“节”，它的尺寸比铅笔芯还要小，直径为1.5毫米，未来市场前景可观。协和工业公司以“女性员工助力公司”为方针，积极录用女性员工，预计未来女性职员将达到公司总人数的一半。

5

让每一位员工都大显身手

“我更重视的是‘在Handsman工作，人生的意义是什么’。社长是为了员工而工作的，员工则是为了顾客而工作的。我想让员工发自内心觉得在Handsman工作是值得的。”

“我们的目标是平均薪金达到行业第一”——以Handsman公司为例

人手不足的问题已经困扰了许多企业。特别是在零售行业，非正式雇佣很多，人员流动频繁，人手不够的问题更突出。但以九州地区为中心的DIY（Do It Yourself）家居中心Handsman，一改行业困境，保持了持续且稳定的发展。

Handsman公司总部位于宫崎县都城市，在宫崎县、鹿儿岛县、熊本县、大分县、福冈县合计共有11家店铺。每一家店铺的员工人数是行业平均员工数的3倍，达到100人。公司营业额持续上升，员工薪酬也上涨，逐渐形成了良性循环。

Handsman公司主要经营衣食住中与“住”有关的产品，每一家店铺有超过22万种琳琅满目的商品，在全国备受瞩目。公司的货源不仅来自日本全国各地，还有约4000种商品源自世界15个国家，店铺的特点是以零部件的形式出售商品。令顾客惊讶的是，在店铺里可以购买到一个螺丝钉、一个塑料瓶盖，甚至可以只购买手套的右只或左只。再比如，顾客只想买一根吸管，而吸管通常都是一袋100根，那么店铺方面就会把包装袋拆开，满足顾客的需求。正是店铺的这种做法吸引了许多回头客。

Handsman公司的大园诚司社长说："我们开办公司究竟是为了什么，就是为了让消费者能够买到称心如意的商品。"

商品数量多，顾客就会询问某个商品摆放的位置，这样就需要店员负责指引。因此每家店铺配置100名店员，以保证及时地答复顾客。Handsman公司每年招聘的应届生和非应届生人数为30人至40人，其中80%是正式职员，男女比例各占一半。更让公司骄傲的是，员工进入公司三年后的在职率仍超过90%。

Handsman店铺的特点也展现在商品的展示上。店铺的层高较高，一楼和二楼是开放式的。这是为了让顾客在店铺内消费时更加舒心。为了维护卖场的趣味性，还会定期对展示进行更新，为此公司设立了改装部门，这个部门大约有50名员工。

除此之外，为了了解顾客的需求，与顾客的交流沟通必不可少，因此，Handsman公司需要保证人手充足。根据顾客的需求，一周的时间进货品类甚至超过了500种商品。

公司对于员工的要求是，在店铺里和顾客擦肩而过的时候，要微笑打招呼；当顾客询问商品位置的时候，要帮助顾客一同寻找。让顾客满意才会提高店铺的营业额，店铺的营业额提高了，员工的薪酬也会随之增加。为了实现这样的良性循环，员工会努力考取DIY顾问的资格证书，当然，参加考试的报名费及交通费全部由公司负担。

大园社长说："我希望员工的成就感也能来源于薪酬。我想让公司成为这个行业平均薪酬最高的企业。"

打造让员工活跃的舞台

事实上，Handsman公司推出了各种各样的工作模式，在待遇方面也远远超过了行业的平均水平。

正式职员分为两种：一种是可调动的正式职员；另一种是不可调动的、有地域限制的正式职员。这些员工的劳动条件规定得十分明确，甚至在公司官网上都可以找到。在基本工资方面，根据店铺所在地的不同，工资稍有不同。比如在宫崎县、鹿儿岛县内的店铺，公司有着以下明确的规定：四年制大学毕业生每月的平均工资为17万日元、另有其他补贴；专科、短期大学毕业生每月的平均工资为15.5万日元、另有其他补贴。

不仅如此，工资每年都会上涨。比如，有地域限制的正式职员的平均加薪率，2015年为3.75%，2016年为3.70%，

2017年为2.46%。除此之外，公司还设有奖金，通过技能考核来评估每个人的薪酬待遇。

这样一来，Handsman公司的待遇在零售行业中名列前茅。公司2000年上市之时，正式职员的平均年收入达到400万日元，如今正式职员的平均年收入则达到了518万日元。根据调查（国税厅《有关私企薪酬实际状况的统计调查》、2016年），工薪一族的平均年收入大约在422万日元，也就是说Handsman公司超过了平均水平。

公司在福利待遇方面也十分重视。众所周知，零售行业的员工很难休假，而Handsman公司一直推进休假改革。如员工若需参加子女学校的活动，可以申请休假。除此之外，公司每年还会举行三次体育运动会、一次员工年会派对，在进入公司的第四年、第七年、第十年都会举行纪念活动。为了让员工们建立家人一样的亲密关系，公司还会定期举行相关活动。如根据员工的意愿，举办保龄球比赛、高尔夫球比赛等集体活动。

目前在职员工数达到了1200人，然而大园社长表示，他仍然希望每年能和每一个员工进行一次交流，哪怕只有一分钟。这种希望也代表着社长本人想要做到“君子一言驷马难追”的魄力吧。

在工作第十年、第二十年、第三十年的时候，公司会举行常勤表彰大会。社长会对每位员工表达感谢之情，表彰大会在年初与新年会议一同举行。长达四个小时的会议上，员工们还会组乐队进行表演。

同时，对于工作满20年、60岁以上的老员工，公司还会组织每两年一次的犒劳旅行活动。Handsman公司针对已退休的员工，会以特约员工的形式进行返聘，并且劳动合同的更新没有上限，工资水平和其为正式员工时几乎没有差别（包含奖金）。现在公司还有两位一同奋战的80岁员工，他们虽然很难在店铺负责接待顾客，但是在培育新人方面是难得的人才。

社长的人格魅力所孕育的企业文化

对于企业的长远发展来说，仅仅依靠改善工作待遇是完全不够的。Handsman公司在聘用员工的时候，十分看重个人的性格。

大园社长就曾这样说过："我想聘用的人是既能让大家开心，也能让自己愉悦的人。比如有活动的时候，不在旁边旁观，一起加入、一起开心的人，才是我想要找的人。"

我觉得这也体现在大园社长的人格魅力上。

Handsman公司上市的时间是2000年3月。我当时是株式新闻报社的记者，入职一年，正好负责零售业的采访。那时，我要写一篇有关Handsman公司的店铺见习内容的报道。当时汗流浃背、热情向我介绍店铺的正是现在的社长——大园先生。报道发表时，Handsman公司的决算说明会恰好在东京召开，一位证券分析师告诉我："小林女士，您发表报道的那份报纸，我们公司珍藏起来了。"

大园先生就任社长时，是公司上市后的第六年，现在回想，大园社长当时就订好了十年的目标。

"我们的经营目标，不仅要提高销量、增加店铺数量，我更重视的是'在Handsman工作，人生的意义是什么'。我想让员工发自内心觉得在Handsman工作是值得的，我想带领Handsman成为家居行业中最有价值的企业。"

截至2017年6月，Handsman公司已经连续22年获得了创收，其销售额达到了322.22亿日元（同比上一年增加了3.5%），经常性净利润达到25.5亿日元（同比上一年增加了8.1%）。除此之外，利润率也不断上升，2010年至2014年6月，经常性净利润率突破4%，2016年至2017年甚至突破了7%的大关。

2018年6月，受熊本地震以及恶劣天气的影响，公司业绩下滑，连续创收停止。但即便如此，公司的销售额仍保持在310.5亿日元。

在零售行业，如何让顾客满意是非常重要的，仅仅依靠降低商品的价格是不够的。大园社长的愿望是“希望在Handsman工作的每一位员工都能够幸福”。

大园社长看上去十分乐观，他微笑着说道：“我想让这个地方的人都觉得有Handsman是真的好。社长是为了员工而工作的，员工则是为了顾客而工作的。员工也能觉得在Handsman工作是值得的，我想努力创造出这样的良性循环。”

提高员工的成就感——以Wondertable公司为例

餐饮业同零售业一样，在留住人才的道路上困难重重，甚至比零售业还要艰难。本书第一章、第二章中，我已经论述了餐饮业的情况，不稳定的非正式雇佣较多，离职率总体来看不乐观，近年来基本依靠外国劳动力。

然而，也有企业积极录用有兼职经验的员工，并给予他们转正的机会，通过各种方式留住员工。这就是总部位于东京都新宿区的Wondertable公司。

Wondertable公司是一家在国内外拥有120家店铺（截至2018年9月）的餐饮企业。主要经营火锅、寿喜烧的Momo-paradaise，Nabezo，巴西烤肉料理Barbacoa等也是它的分店。截至2018年3月，其年销售额达到了126亿日元。

Wondertable公司的董事长户田史朗先生谈了公司的优势所在："我们不断开拓有把握的市场，建立知名品牌。比如南美料理巴西烤肉市场有限，那么我们就要做日本行业第一。在意大利餐厅中，只有我们公司会主要使用马苏里拉芝士来做意大利菜。Yona Yona品牌也是精酿啤酒中的佼佼者。我们打造每一行业中独一无二的产品，并通过品牌的力量留住人才。"

Wondertable公司所招聘的非应届生职员中有半数以上都是曾经做过兼职的。这是因为有过兼职经历的话，进入公司之后更容易上手。其中有一些人，在20多岁的时候一边做着兼职一边梦想某天成为演员和歌手，而过了30岁，他们又重新开始考虑找工作的问题。

Wondertable公司在培养人才和留住人才上做了许多努力。比如，举办农场体验、啤酒工厂参观等体验型的研修活动，兼职职员也可以参加。公司还有许多内部的俱乐部，如长跑、篮球俱乐部等，这使得分属不同店铺的职员之间也可以加深交流。除此之外，公司还会组织社长和全体员工共同参加的午餐会，避免员工进入公司之后孤军奋战、孤立无援。这样一来，公司的离职率逐渐下降。2018年度的离职率大约保持在8%，低于行业平均水平。

在餐饮行业，为了吸引顾客，菜品的品质和价格自不必说，员工的服务态度同样也非常重要。Wondertable公司的经营理念是“开拓市场，共享欢乐时光”，因此在接待顾客方面，员工承担着重要的职责。

比如，Wondertable公司下属的专业牛肋排店Lawry's The Prime Rib就要求员工负责到餐桌，使员工和顾客可以进行密切沟通。接待顾客的时候，员工要从自我介绍开始。由于这家餐厅的单人消费在1万日元左右，因此从价格来说，很难轻率地向顾客道一声“欢迎下次光临”，大多数的客人都只会在生日或纪念日时光顾餐厅。

在惠比寿花园广场分店工作的白石圣来目光炯炯地说道：“我很喜欢Lawry's的服务方式。”在顾客进来的时候，员工要迅速且敏锐地判断顾客中谁是主人、谁是客人，接着要选择合适的时间同顾客搭话，控制上餐的节奏。顾客回去的时候，向他们道一声“今天真是谢谢你们了”，这时，员工会感到所有的疲惫都烟消云散了。白石作为正式职员，需要组织安排工作人员，也有着不小的压力，但是这家餐厅让他觉得自己的付出值得。

在Nabezo工作的堤航太朗，是一位从兼职职员转正的员工。他曾经为了追求音乐梦想，一边做DJ，一边干了10年的兼职工作。在这期间，公司曾经给过他转正机会，但他觉得餐饮行业的正式职员太辛苦，因此多次拒绝了公司的好意。随后，受上司的影响和鼓励，在快30岁的时候，他选择成为正式职员。

每天的工作可以说考验的就是自己的待人处事能力。服务员指南里并不会告诉职员顾客想要什么。有一次在接待一对60多岁的老夫妇的时候，他细心地在甜点里放了一块生日祝福的小牌子，老夫人喜极而泣。堤航太朗那次从心底里觉得，“能做这样的工作是自己的幸运”。

在餐饮行业，许多工作逐渐机械化，员工们因此很难有成就感，更别提当下众多餐厅主打低价路线、人手不足，员工们更是感到疲惫。Wondertable公司一直在打磨专业服务，尽管这被餐饮业逐渐忽视，但这使每一位员工都收获了自豪感和成就感。如今，堤航太朗为了成为一名餐厅经理而不断磨炼提升自己的管理能力。

公司不应当只想着榨取员工，而是应该同员工一起创造硕果。这些制度上的努力正是Wondertable公司能够留住人才的主要原因。

终　章

我们能够成功拯救中年自由职业者吗

在本书的最后一章，我想来探讨中年自由职业者问题的解决方法。

厚生劳动省从2017年度起，针对企业以正式职位聘用就业冰河期一代中完全失业者，新设立了补助金制度，这样的方法究竟有没有效果呢？而且，在财政界，也有专家表示“非正式职员应当转为正式职员”。我想通过众多的采访来找寻改变现状的方法。

企业经营者眼中的中年自由职业者问题

日本社会一直以来都对中年自由职业者问题置之不理，因此我们需要重新认识这一危机，“迷惘的二十年”已经变成了“迷惘的三十年”。我采访了某行政负责人，他大失所望地对我说：“派遣职员仍然是派遣职员，非正式职员还是非正式职员。所谓正式职员的聘用有所增加，也不过是应届毕业生而已，从整体来看，派遣和非正式雇佣仍然持续增加，派遣公司不断增加。另一方面又仿佛回到了派遣合同终止的浪潮时期，许多曾在私企工作的人都想要找一份稳定的工作。”

当下的形势十分严峻，一位企业经营者毫不客气地说道："谁愿意聘用中年自由职业者呢？企业经营不佳的时候，通常都会假装改变雇佣对策，其实是在等待破产或者外资来收购。"

一位熟知当下现状且经验丰富的职业咨询师说道："招聘是重要的投资行为，企业不会为了补助金而聘用人的。"他还感叹道："在这其中，最难的就是帮助依靠低保补贴金生活的人实现再就业。以前，这些人多多少少都能够在企业、社会中生存下去，可如今全球化导致竞争激烈，他们很难再适应了。还有那些曾经在黑心企业受过挫折的人，对他们的就业支援也很不容易。许多人被辱骂、被欺凌，但当他们爬起来重新走向职场的时候，一次又一次的失败经历导致他们自尊心受挫，从此一蹶不振。他们失去信心了。这些都是无法搁置的问题。"

对于这些痛苦的呼声，派遣公司又是如何回应的呢？

之前，我曾经采访过关于悲惨的职场的一系列问题，一些知名派遣公司因为"会给企业造成负面影响"这一理由，纷纷拒绝了我的采访。在这些知名派遣公司中，只有两家公司接受了采访。它们是已经上市的 Pasona 和 Persol Tempstaff。

Persol Tempstaff 的南部靖之总代表这样看待这一问题：

“企业为了自己的利益纷纷进军海外。国内产业空洞化，稳定的雇佣机会越来越少。在我看来，制造业对这一现状的形成有着不可推卸的责任。经济无论有多景气，如果始终有人无法进入职场，无法接受培训，更无法培养自己的能力，那么结果就是劳动者得不到任何好处。企业方面，只有一味地追求股票价格和净资产收益率，以及懂得裁员的企业才被当作是优秀企业。”

南部先生表示也理解中年自由职业者目前的困境：“中年自由职业者是时代的牺牲品，他们之中现在仍有不少人的年收入只有100万至300万日元，情况尚未改善。”

财政界的代表人物、伊藤忠商事的前任会长丹羽先生也谈过有关企业的责任问题。我在采访就业冰河期一代的非正式雇佣情况的时候，丹羽先生也曾给过我许多宝贵的意见和建议。

“经济形势虽然有了改善，但劳动分配率不高，企业仍然没有资金。企业需要随时随刻考虑分配率的问题，并在此基础上制定薪酬制度。这才是更为宏大的思考方式。最近经济形势好转，企业收益也有所上升，然而分配率没有上升。企业积攒太多的留存收益，这些地方才应该是要大刀阔斧进行改革的。”

同时，丹羽先生在2004年的时候曾这样谈道：“即便在劳动者内部，也有着上下之别，‘我是正式职员，你是自由职业者’。贫富差距不断扩大，社会上的对立则会随之涌现。之后的2010年至2015年，许多社会问题都会浮出水面。等到那时就为时已晚了。”

这段采访距现在已经过了十几个年头。正如丹羽先生所洞见的，目前这些问题似乎已经为时已晚。

政治家眼中的中年自由职业者问题

我曾经写过一本名为《采访“正式职员”的年青一代——追踪就业冰河期一代》（岩波书店，2008年）的书。当时，综合研究开发机构（NIRA）所发布的《就业冰河期的困境》报告引起了极大的反响。我的书中也曾经引用过这一报告，下面简单介绍一下报告中令人惊叹不已的内容。

根据这份报告的推算（2008年的推算），随着就业冰河期一代中非正式雇佣劳动者和无业者的增加，1968年至1977年出生的一代人超过65岁的时候，潜在的低保补贴对象将会达到77.4万人，因此而增加的低保补贴预算将会达到17.7兆至19.3兆日元。如今，问题的解决已经迫在眉睫了。

政界也逐渐开始关注这一问题。从以往来看，较早在国会上提出非正式雇佣问题的是福岛瑞穗参议院议员（社民党）和小池晃参议院议员（日本共产党）等，基本都是在野党在关注这一问题。自民党中，一度对雇佣问题置之不理，如今也将这一议题提上议程了，其中的代表人物就是前任干事长石破茂。在2018年自民党总选举中，他和安倍晋三一决高下，他对于这一问题的呼吁唤起了人们的危机感。

“企业为了减少人力成本而采用非正式雇佣，而现在必须减少这种雇佣。当时，泡沫经济破裂后，雇佣逐渐走向非正式雇佣，如今就业冰河期一代已经40多岁了。非正式雇佣不但没有年功序列的加薪以及职位的晋升，还无法享受退休金和养老保险。这些非正式雇佣的中年劳动者到2040年就将步入老年，他们绝不是少数。”

正如长石先生所说，到2040年，日本将迎来危机，老年人数量达到峰值，社会保障的补贴金额将达到现在的1.6倍，护理费用达到现在的2.4倍，医疗费达到现在的1.7倍，养老保险达到现在的1.3倍。面对即将到来的这些困难，我们绝不能忽视中年自由职业者问题。

安倍政权一直在宣扬雇佣的增加。然而其实质又是怎样的呢？当下，雇佣的接收方主要以服务行业和医疗福利领域为主。因此，这导致Wageless Recovery（笔者自己创造的词语，薪金无变化的经济复苏）无法避免。

当然，这同制造业的衰落也不无关系。目前，制造业和服务业的国民生产总值的占比已经发生逆转，不仅如此，日本制造业以“全球化竞争”为由，只得减少人力成本，且只能通过价格竞争去获取市场，逐渐呈现衰退的迹象。如此一来，这似乎已经是失败的预兆了。其中，东芝虚增利润就是典型的例子。

促进正式职员化的方法

第一生命经济研究所的首席经济学家熊野英生在2017年发布了以《生产率问题的关键》为题的报告。熊野先生是我十分信任的经济学家，针对非正式雇佣对于个人所得差异的产生以及宏观经济的影响，他提出了宝贵的预测意见。他连续发表了备受瞩目的经济报告，并得到了业界的众多好评。

上述报告根据内阁府的《国民经济计算》（2014年度）介绍了各个行业的人均生产率状况。报告指出，制造业每单位时间为5708日元，而服务业只有2785日元。随着老龄化的推进，医疗看护领域的雇佣逐渐增加，而面向老年人的生意则很难赚到利润。因此，在这些行业中，雇佣逐渐转向非正式雇佣。熊野认为：“服务行业生产率问题的关键正在于此。”

为了提高生产率，将非正式职员转为正式职员必不可少。然而，服务行业一味地想减少劳动力成本，在这种强压之下，企业很难吸收职业技能较高的正式员工。同时，随着消费者的老龄化，需求下降，高附加值很难起作用。这才是通货膨胀的真正原因。熊野指出，“工作模式的改革”并没有真正解决问题，没有触及问题的关键。

丹羽先生也犀利地指出：“正如许多餐饮连锁店存在的问题一样，员工一天24小时都在店铺里，忙完这家忙那家，店铺仅仅为了生存下去的这种工作模式，怎么会提高生产率呢？甚至可以说，非正式职员的增加反而使得经济停滞不前。”

然而，非正式职员的转正并非那么简单，特别是中年自由职业者，更是难上加难。这里，我想介绍东京的例子，它在促进转正方面取得了不错的成绩。

从2015年度开始，东京一直大力推进非正式职员的转正。从职业咨询到职业介绍，东京开展了一站式服务，设立了“东京求职中心”。其中，专门设立了针对30岁至54岁的“中年层窗口”，对于就业冰河期一代的支援也十分热情。除此之外，针对30岁至44岁的非正式雇佣劳动者，还开展了求职支援项目，比如“求职直通车”“东京求职培训班”等，且都是免费的。“求职直通车”是以三个月之内转正为目标的项目。“东京求职培训班”是通过长达两个月扎实的培训，以求职正式职位为目标的项目。学员在周一至周五的9点半到16点半参加培训，通过学习掌握职场中的沟通技能等基本技能。每一个人都配有职业导师，他们会认真解答学员的各种问题。研修结束之后，还有相关的求职咨询，可以在今后的求职实战中发挥作用。

求职支援项目是一项委托业务。现在由Pasona和Persol Tempstaff的工作人员来负责。Persol Tempstaff的执行董事正木慎二认为“派遣职员并不等于自由职业者”。在此基础上，他又说道：“仅靠打工兼职生活的所谓的自由职业者，哪怕是35岁以上的中年人，他们也是可以迎来事业的发展的。然而，这些人往往缺乏自信，总认定自己不行。我认为，改变思维方式是非常有必要的，而这种改变就应该由我们这些人才公司来尽一份力。”

根据东京的调查，“东京求职培训班”的业绩每年都在上升。2015年度，接受培训的205个人中，86个人找到了工作，其中45个人找到了正式职员的工作。2016年度，接受培训的182个人中，171个人求职成功，其中83个人成为正式职员。

在这种稳健而扎实的努力下，希望今后会有更多的成果出现。

依靠舍弃人而达成的经济是脆弱的

在第三章我已经有所论述，企业业绩的增长和稳定的雇佣这两者并不冲突。传统的日本型雇佣模式，设立了从员工角度出发的福利待遇以及自由轻松的职场环境。而当下一味追求利益的企业，是否应该重新审视这种“古老”的价值观呢？

多摩大学名誉校长、日本综合研究所名誉会长野田一夫先生，在接受我的采访时这样说，曾经“至少对于企业经营而言，最重要的并不是理论化或计量化，而是‘有人情味的人际关系’”。野田一夫先生是松下幸之助、本田宗一郎等知名企业家的旧友，他的一席话一针见血。

丹羽先生也抱有同样的想法，并且提出了更为深入的方案：“企业依靠的是人。我们应该舍弃‘非正式’‘正式’这些叫法，所有人都叫‘职员’难道不好吗？是全职工作还是非全职工作，差异仅此而已，那么企业就根据员工的工作时间来帮他们加入社会保险，这样不也是个好办法吗？”

丹羽先生的看法是，更轻松地工作、更轻松地学习，这同生产率的高低息息相关。更为轻松地做事，可以让人们有更多的时间去思考人生。倘若连思考人生的时间都没有，也就不会有工作的干劲了。

丹羽先生直言不讳的论断使我豁然开朗。

“安倍政权主张的理论是忽视国民的，全部只是为了自己的利益。政治和经济如果不分开来看，日本将会走向衰落。人会由于接受教育而改变。30年前，社会流传‘Japan as NO.1（译者注：日本世界第一）’，这是企业教育给我们的。员工进入公司后，其后续的教育也十分重要。30岁、40岁的非正式职员，只要努力是有可能追赶上的，收入方面自然也会提高。50岁之前，大家要鼓起勇气拼一拼。”

改善雇佣质量绝不是简单的问题。《劳动标准法》《劳动者派遣法》《男女雇佣机会均等法》等法律的出台，告诉我们当下社会逐渐显现出了漏洞。然而我认为，只有逐渐完善社会保障、实现一种灵活的工作模式，才能真正解决中年自由职业者问题。因此，《格差调整法案》等各种法律的完备也需要进一步探讨。

我希望今后能看到各地一步一个脚印扎实地发展，地方优秀的中小企业和劳动者能够实现双赢。正如我在第三章介绍的企业，以日本制造为中心的独创性的制造行业是日本最值得骄傲的、真正的优势企业。希望今后这些企业能够通过技术提升来开拓新的市场，并进一步建立优良的雇佣模式。

我常常想，“依靠舍弃人而达成的经济是脆弱的”。企业把正式职员转为非正式，法律放宽了规定，使得非正式职员无法翻身，这些政策都彻底失败了，它们的失败是时代给我们的教训。为了不再重蹈覆辙，重新上演中年自由职业者的悲剧，我们要尽快采取相应措施。

尾　声

就业冰河期一代的问题就这样一直被置之不理了。

我这样控诉道。但是没有找到问题的解决方法，我迟迟无法下笔。

2015年10月，NHK信息节目《周刊新闻精读》中提到了中年自由职业者的问题。我参加了这期节目，这也成为本书写作的契机，从提笔到交稿需要三年的时间。一线采访曾经也让我感到过绝望。

我大约在2004年时第一次在周刊经济上做过特辑，当时因为自由职业者这一选题，遭受了不少白眼。然而，立教大学特任教授金子胜先生以及东京大学教授儿玉龙彦先生在全国发行的报纸的专栏上也提到了这一问题，此后，情况发生了变化。如今，这一社会问题需要大家的再次关注。中年自由职业者问题，成为撼动日本经济地基的国家性难题。

然而，我通过采访，逐渐摸索到了问题的解决方向。我想，倘若要提高整体水平就需要产业结构的转换，那么回到产品附加值的“原点”是否是一个对策呢？全国劳动工会总联合会曾经建议过“一大人一小孩”的单亲家庭一年的最低开销为420万日元，基本同平均工资持平。因此，无论正式职员还是非正式职员，我们希望以后的社会能保证所有人都可以达到年收入400万至500万日元。可持续发展的经济以及社会都是以每个个体的稳定为基础的。

我本属于就业冰河期一代，就业冰河期一代所面临的问题正是我所关注的，这也成为我当一名记者的初衷。记者就像是“监工金丝雀”[1]，检查矿井是否有毒气就是我们必须承担的职责。在问题扩大之前，我们需要询问“有何异样”，从这些简单的问题出发进一步探索，不停地写作也会改变世界。

本书收录了过去发表的文章，并修改了其中的内容，一些采访添加了后续的追踪报道。在这里，我想感谢协助我采访的朋友们，并向编辑粕谷昭大先生表达我的谢意，没有他的坚持，这本书就无法同大家见面。我希望今后大家也能继续关注这一社会问题。

小林美希

[1] 由于金丝雀对矿井中有害气体极为敏感，因此近代日本，在煤矿矿井会用金丝雀来检查是否有毒气存在，以保障矿工的安全。——译者注